e nel castagno Ellodia

Super ET

Dello stesso autore nel catalogo Einaudi

Accabadora

Michela Murgia
Viaggio in Sardegna
Undici percorsi nell'isola che non si vede

Einaudi

Prima edizione «ET Geografie»

www.einaudi.it

ISBN 978-88-06-20824-0

Premessa

Ci sono buchi in Sardegna che sono case di fate, morti che sono colpa di donne vampiro, fumi sacri che curano i cattivi sogni e acque segrete dove la luna specchiandosi rivela il futuro e i suoi inganni. Ci sono statue di antichi guerrieri alti come nessun sardo è stato mai, truci culti di santi che i papi si sono scordati di canonizzare, porte di pietra che si aprono su mondi ormai scomparsi, e mari di grano lontani dal mare, costellati di menhir contro i quali le promesse spose strusciano impudicamente il ventre nel segreto della notte, vegliate da madri e nonne.

C'è una Sardegna come questa, o davanti ai camini si racconta che ci sia, che poi è la stessa cosa, perché in una terra dove il silenzio è ancora il dialetto piú parlato, le parole sono luoghi piú dei luoghi stessi, e generano mondi. Qui esiste tutto ciò che viene raccontato, e quello che viene taciuto esiste perché un giorno qualcuno lo racconterà. Oltre l'isola delle cartoline e dei villaggi turistici *all inclusive* c'è un'isola delle storie che va visitata cosí: attraverso percorsi di parole che disegnino i profili dei luoghi, diano loro una forma al di là delle pietre lise, li rendano ricordo condiviso e infine aiutino a dimenticarli, perché non corrano il rischio di restare dentro e prenderne il posto. Se accadesse, niente di quello che chiamiamo Sardegna potrebbe piú essere simile a come gli occhi lo vedono, e alcuni inganni in fondo non è un male che restino tali.

Questa storia è un viaggio in compagnia di dieci parole, dieci percorsi alla ricerca di altrettanti luoghi, piú uno. Undici mete, perché i numeri tondi si addicono solo alle cose che possono essere capite definitivamente. Non è cosí la Sardegna, dove ogni spazio apparentemente conquistato nasconde un oltre che non si fa mai cogliere immediatamente, conservando la misteriosa verginità delle cose solo sfiorate.

MICHELA MURGIA

Ringraziamenti.

Emanuele Scalas, per avermi rivelato il mondo segreto dei mehnir.
Valerio Giardinelli, Silvia Fontana, Giordana Bassani, Alessandro Giammei, Michele Puddu, Marco Schirra, Daniela Faranda, Francesco Iacobini e Giovanni Dettori per i consigli e la pazienza.
Giuseppe Pani, Antonio Pinna, Socrate Seu, Vito Biolchini e Michele Fioraso per le informazioni.
Aldo Brigaglia per avermi fatto conoscere Amelie Posse.
Francesco Deriu per avermi condotto a Mandas sulla via di Lawrence.

Elenco delle illustrazioni nel testo

Viaggio in Sardegna

Ad Alberto Masala
e a tutti quelli per i quali andarsene
era l'unico modo serio di restare

Cartina delle regioni storiche.

Gallura

Anglona

Nurra

Monte acuto
(Montacuto)

Logudoro

Sassarese

Baronie

Meilogu

Goceano

Barbagia
di Nuoro

Planargia

Marghine

Montiferru

Barbagia
di Ollolai

Campidano
di Oristano

Barigadu

Mandrolisai

Ogliastra

Barbagia
di Belvi

Sarcidano

Barbagia
di Seulo

Marmilla

Trexenta

Monreale
(Campidano
di Sanluri)

Sarrabus-Gerrei

Parteolia

Campidano
di Cagliari

Sulcis-Iglesiente

Cartina orientativa.

Nota a favore del senso dell'orientamento.

Nella descrizione dei luoghi e delle storie si farà riferimento alla doppia geografia sarda: quella istituzionale che prevede la suddivisione del territorio in province, e quella tradizionale che tuttora riconosce il territorio secondo l'antica ripartizione in regioni storiche. Le due geografie non sono quasi mai coincidenti e qualche volta non è solo un discorso di confini.

I.

Alterità
Murales, balentía e altre storie di libertà

Provincia di Nuoro,
regione storica della Barbagia di Ollolai,
comune di Orgosolo

> Se questo mondo fosse fatto di balentes, sarebbe un gran bel mondo.
>
> Antonangelo Liori, *Manuale di sopravvivenza in Barbagia*.

La categoria dell'alterità è consapevolmente presente nei sardi come elemento proprio della loro identità, tanto che a parlarci risulta abbastanza comune che essi si descrivano principalmente come cosa diversa rispetto ai «continentali» e agli altri stranieri. Questa visione piuttosto egocentrica della propria stimata specialità non è diversa da quella di molti altri posti d'Italia, ma la cosa che conferma perentoriamente agli occhi dei sardi l'esistenza effettiva di una loro alterità è che di solito si tratta di una percezione ricambiata: chi si rapporta ai sardi come stereotipo etnico non sa effettivamente a chi accomunarli, perché non sembrano rientrare nelle categorie di lettura che identificano il tipo di italiano a seconda della latitudine in cui si nasce e vive. È certamente l'insularità a determinare questa percezione ambivalente, ma le ragioni vere sono, piú che geografiche, soprattutto storiche e culturali.

La Sardegna ha un percorso storico in larga misura del tutto autonomo rispetto a quello che ha accomunato altre regioni del centro e sud Italia, ed è stata interessata da flussi di popolazioni e culture diverse, al punto che persino sul piano biologico è noto da tempo che i sardi presentino un quadro genetico peculiare rispetto alle altre popolazioni europee e circum-mediterranee, come i baschi e i lapponi. Ma dentro questa apparente uniformità, definita per contrapposizione a quello che viene da oltre il mare, c'è anche un'alterità interna che porta i sardi a vedersi diversi tra di loro, spesso in maniera radicale.

Il luogo della Sardegna dove la percezione di essere *altro* è piú spiccata resta sicuramente la Barbagia, la principale regione interna sarda e anche la piú estesa tra quelle che non toccano il mare. Prima ancora di essere un luogo fisico, la Barbagia è una *forma mentis*. Per questo i suoi confini geografici sono discutibili e discussi, tanto che persino al di fuori del suo territorio ci sono paesi che si considerano barbaricini pur senza strettamente esserlo, perché si riconoscono nella particolare cultura che ancora oggi caratterizza fortemente questo territorio, approssimativamente coincidente con la provincia di Nuoro.

La Barbagia è la regione storica piú estesa dell'isola e ne costituisce il centro geografico, il che equivale a dire che da qualunque parte della Sardegna si parta, la difficoltà che si incontra a raggiungerla è la stessa. L'automobile è indispensabile, perché Nuoro resta un capoluogo di provincia in Italia non ancora raggiunto dalla linea ferroviaria di Trenitalia; il piccolo treno che ci arriva appartiene infatti alle Ferrovie della Sardegna e viaggia a gasolio su rotaie di un altro secolo, regalando però panorami indescrivibili. David Herbert Lawrence ne raccontava già nel 1921 dalle pagine del suo diario di viaggio, magnificandone l'audacia nell'arrancare agilmente lungo i costoni scoscesi della catena del Gennargentu, come una capra a vapore. Per chi ama farsi suggestionare senza fretta, prendere quel treno resta ancora oggi il piú panoramico modo per perdere tempo in Sardegna. Scrive Lawrence:

> La corriera ci portò veloce e serpeggiante sulla collina, a volte attraverso l'ombra fredda, quasi solida, a volte attraverso una chiazza di sole. C'era un sottile strato di ghiaccio lucente nei solchi, e sull'erba grigia brina scura. Non posso dire quanto la vista dell'erba e dei cespugli, gravidi di brina e incolti, in quel loro primitivo stato selvaggio, mi affascinasse. I pendii delle ripide, incolte colline scendevano giú aspri e cespugliosi, con poche bacche tardive e i lunghi steli d'erba appassiti dalla brina.

Andare in Barbagia ed entrarci sono due cose diverse. Il primo modo passa per la strada e per sceglierlo non serve nessuna guida, se non quella della cartina. I panorami di granito e macchia mediterranea che tanto colpirono Lawrence si faranno perdonare la non sempre facile viabilità con la loro bellezza silenziosa, e dopo averli rimirati si potrà dire senza mentire che ci si è stati e valeva la pena. Entrarci nel vero senso della parola è invece un altro paio di maniche, e parte dalla certezza che la cosa piú interessante da conoscere in Barbagia siano proprio i barbaricini. Riuscire in questo intento è un'esperienza umana meravigliosa, che per essere gustata appieno non può prescindere dalla conoscenza di ciò che in Barbagia è *altro* rispetto al resto della Sardegna.

La Barbagia è un territorio abitato da sardi che per ragioni storiche, geografiche ed economiche hanno vissuto per secoli in un isolamento relativo, motivo per cui questa regione è sempre stata ai margini rispetto ai processi storici che hanno interessato il resto della Sardegna. Il nome stesso di Barbagia le deriva dall'etnocentrismo culturale dei romani, che non riuscendo a penetrarci con la stessa facilità che avevano incontrato sulle coste, la liquidarono sbrigativamente come terra di barbarie. La nomea le rimase anche negli anni successivi, tanto che quando Tolomeo nel II secolo stendeva la carta geografica del mondo noto, al massiccio del Gennargentu mise il significativo nome di *Insani Montes*, che in bocca agli scrittori classici corrisponde, se riferita a cose, a «rabbioso», «furioso»; in verità può significare anche «eccessivamente alto», ma nessun monte sardo raggiunge vertici che potrebbero giustificare questa accezione.

Nel corso dei secoli questo processo di individualizzazione culturale è continuato su tutti i fronti, aumentando nei barbaricini la percezione della propria alterità rispetto non solo ai popoli che venivano dal mare, ma progressivamente anche al resto degli abitanti dell'isola. Il risultato di questo processo è riscontrabile soprattutto nella straordinaria persistenza di usi e costumi di antichissima radice storica e culturale, altrove scomparsi o mai esistiti.

Una di queste differenze nasce dal fatto che l'isolamento ha portato nei secoli la comunità barbaricina a darsi un sistema di norme non scritte percepito come autonomo. Questo codice di autoregolamentazione sociale non ha mai avuto un nome per la comunità pastorale che lo praticava, come non ha nome il buon senso; era semplicemente il modo naturale in cui ci si doveva comportare in quel contesto. Ha preso la definizione di «banditismo» solo quando, con l'avvento di un potere diverso da quello tradizionale che per secoli l'aveva governata, sono emerse le discrepanze tra l'antico sistema di norme e l'altro, quello venuto da fuori con piú mezzi politici (e militari) per potersi imporre come prevalente. Molto piú spesso in conflitto che in dialettica, i due sistemi normativi si sono sovrapposti con fatica per tutto il secolo scorso e gli echi della loro difficile convivenza persistono ancora oggi, intorno alla diversa percezione di cosa sia giusto fare in determinate circostanze della vita. Quel sistema di norme non scritte è oggi noto con il nome di Codice Barbaricino, dicitura attribuitagli dal giurista Antonio Pigliaru che negli anni Cinquanta del secolo scorso, affrontò per primo come questione essenzialmente culturale il problema posto dall'esistenza di due leggi confliggenti, che pretendevano di «regolare la condotta di uno stesso uomo» facendone un bandito o un *balente*, cioè un valoroso, a seconda della prospettiva.

La *balentía* resta una buona chiave di comprensione dello spirito barbaricino, purché intesa nel suo senso corretto. Il concetto di *balentía* ha infatti una doppia accezione, a seconda che esso venga espresso dentro o fuori dal territorio della Barbagia. Se la parola *balente* viene usata da sardi non barbaricini, nove volte su dieci ha connotazione negativa e si intende riferita a persona vendicativa, prepotente e permalosa, pronta a passare alle mani alla prima provocazione e con cui non ci si può permettere la minima confidenza. Chi riceve questo epiteto viene circondato dall'aura di disprezzo guardingo che si tributa ai pazzi imprevedibili, quelli che in linea di massima è meglio temere che averci a che fare. Questa caricatura della *balentía* è frutto sia di un diverso quadro di riferimento normativo (e quindi culturale) tra la Barbagia e il resto dell'isola stessa, sia del falso mito mediatico del banditismo romantico, che ha danneggiato la Sardegna piú di quanto non si sia disposti ad ammettere nemmeno tra i sardi stessi, troppo spesso compiaciuti di crogiolarsi a scopo folkloristico nella fama leggendaria di popolo temibile. Non di rado chi arriva in Barbagia vittima di questo pregiudizio si trova spiazzato davanti all'apparente incongruenza di un'ospitalità calda e tutt'altro che ombrosa. La *balentía* in Barbagia ha un significato molto piú elevato e teoricamente segna la cifra massima della potenzialità di un uomo, l'apoteosi della nobiltà dell'animo unita alla fermezza del carattere. A livello ideale il *balente* è l'incarnazione della perfezione virile, che secondo il criterio strettamente barbaricino è espressa da colui che allo stesso tempo sa, sa fare, e quindi fa; le tre cose prese distintamente generano l'incapace, l'indeciso e l'avventato, tutte antitesi del vero *balente*, che resta persona abile soprattutto nel discernere il momento opportuno per piegare gli eventi al meglio del suo volere. Per questo nel mito la parola del *balente* pesa come oro e chi gli dà la propria è bene che vi attribuisca il medesimo valore.

Molto chiaramente è Antonio Pigliaru a rappresentare cosa si intenda in Barbagia quando a qualcuno si dà del *balente*.

> *Su balente* è l'uomo che vale, che sa farsi valere e vale anche se, intendiamoci, la fortuna non gli arride, anche se la sua balentía non risulterà all'atto pratico coronata da un adeguato successo. L'importante non è vivere o morire, ma vivere e morire da uomo. [...] *Sa balentía* è la virtú che consente all'uomo barbaricino, al pastore barbaricino, di resistere alla propria condizione, di restare uomo, soggetto, in un mondo implacabile e senza speranza nel quale esistere è resistere: resistere a un destino sempre avverso nell'unico modo in cui ciò può essere fatto salvando se non altro la propria dignità umana.

Nella teoria della concezione barbaricina si ama dire che il *balente* non è mai violento senza necessità, ma in troppi posti della Barbagia il limite della sedicente necessità è ancora fissato brutalmente al ribasso, senza che ci sia piú, se è vero che in passato c'è stato, un contesto socioculturale che possa ancora oggi fornire attenuanti: la società pastorale barbaricina ha perso da tempo l'alibi di essere impermeabile e autoreferenziale. I delitti che oggi sono realmente riconducibili a un'interpretazione rigida dell'antico codice ormai sono veramente pochi: troppe le infrazioni alla regola negli ultimi dieci anni, con gravi fatti di sangue che hanno interessato in diversi centri anche categorie prima ritenute inviolabili: donne, bambini e anziani. Per questo il mito del *balente* romantico, forte solo con i forti, resiste a stento anche in quello che fino a poco tempo fa era l'immaginario comune, e la Barbagia del resto è la regione sarda che meno lo coltiva; anzi, il barbaricino mal tollera la rumorosa esaltazione mediatica che vuole il centro Sardegna come orgoglioso covo di latitanti. Il che non significa che i latitanti non ci siano stati o non ci siano ancora, ma certo non è questo il lato della Barbagia con cui è possibile, per il visitatore, venire a contatto piú facilmente. Chi venisse qui cercando i banditi visiterà un'assenza, e degli assenti è ovunque buona educazione non parlare. In quell'assenza sembra muoversi tutto il resto, a cominciare dai passi rapidi delle donne all'uscita della chiesa e dallo sguardo fermo degli uomini di ogni età appoggiati ai muri, che vicino ai numerosi bar spesso si vedono ancora indossare i pantaloni di velluto, estate o inverno che sia. Le strade sono tortuose e scorrono tra i muri di granito seguendo pendenze che sembrano impossibili da percorrere se non a piedi; mentre ci passi arrancando ti può sorprendere il saluto spontaneo di un passante o lo sguardo attento degli occhi di un ragazzino, di quel colore chiaro che qui non è affatto raro incontrare.

Tutti i paesi della Barbagia devono il loro incanto alla sensazione costante di essere finiti su un piano temporale sfalsato. Il tempo in cui sembrano sospese queste piccole comunità non somiglia però a nessun tempo storico noto. Manca del tutto il senso della continuità degli eventi inscritto nell'architettura di certi paesi medievali del centro Italia, anche perché il Medioevo, cosí come lo conosciamo dai libri, qui non è mai arrivato.

Tutta la Sardegna, ma in special modo la Barbagia, ha vissuto una storia alternativa che l'ha resa radicalmente diversa rispetto ad analoghe zone isolate di altre regioni, tanto che la sensazione che si ha è che a un certo punto questo posto abbia scelto un momento preciso del tempo e vi abbia messo dimora stabile, cristallizzandolo. Un tempo non casuale, rispetto al quale la Barbagia non solo non sembra in ritardo, ma per molti aspetti sembra esattamente dove vuole essere. Lo scrittore Sergio Atzeni, in *Passavamo sulla terra leggeri*, fa dire al suo custode del tempo Antonio Setzu, colui che tramanda oralmente la storia sarda, una frase che interpreta con chiarezza quanto possa essere percepibile in certi sardi la determinazione a fermare il tempo con la sola volontà:

> Noi custodi del tempo, dal giorno della perdita della libertà sulla nostra terra, abbiamo preferito finire la storia a questo punto.

Il suggestivo riferimento di Atzeni è esplicitamente al 1402, anno in cui morí il giudice Eleonora di Arborea, segnando la fine dell'ultimo Giudicato libero della Sardegna, comprendente anche i territori di gran parte della Barbagia attuale. Il Giudicato di Arborea, il piú potente ed esteso di tutta l'isola, otto anni dopo venne infatti sottomesso e passò sotto il dominio aragonese, che impose il sistema feudale e mise fine alla splendida cultura giudicale, unica nel suo genere in Italia. L'esercizio del governo giudicale si basava infatti sulla combinazione di elementi appartenenti alla cultura sapienziale nuragica (come la proprietà collettiva della terra) con istituti normativi di derivazione romano-bizantina. Questa commistione faceva sí che il giudice non esercitasse un potere assoluto, ma – insieme a un ristretto parlamento detto Corona de Logu – governasse per esplicito mandato popolare sulla base del *bannus-consensus*, contravvenendo al quale poteva essere destituito e in extremis anche ucciso.

Gli echi del concetto di proprietà comune della terra e del potere come esercizio vicario della volontà popolare, in Barbagia non sono venuti mai totalmente meno, e ne permangono tracce in molti aspetti attuali della vita comune e della storia recente. Fare gli amministratori in un comune barbaricino interpretando il servizio al cittadino secondo criteri diversi da questi può ancora dar luogo a richiami al concetto piú o meno espliciti, non di rado a carattere intimidatorio. Eppure si ingannerebbe chi pensasse alla Barbagia come a un mondo chiuso in sé e arretrato. Al di là della sensazione di fermo immagine che si prova nei paesi dell'interno – facilitata anche dall'evidenza di aspetti tradizionali come il non ancora scomparso uso del vestiario tipico e l'ostentazione orgogliosa della lingua sarda come linguaggio prevalente – alcuni segni chiari stanno a indicare che non tutto è autoreferenziale come può apparire.

Il paese di Orgosolo, che può essere assunto a paradigma dello spirito barbaricino, esprime perfettamente questa ambivalenza attraverso lo strumento suggestivo dei suoi murales, una delle esperienze piú significative per chi visita la Barbagia. Sebbene la presenza dei murales a Orgosolo sia relativamente recente, si è talmente radicata da identificare il paese stesso, che oggi è tavolozza all'aperto di circa 150 dipinti murali visibili, a fronte degli oltre 400 realizzati nel corso degli anni e poi sbiaditi.

Cominciò a realizzarli nel 1975 il senese Francesco Del Casino, sposato e residente ad Orgosolo, che in qualità di insegnante di educazione artistica coinvolse le scolaresche nell'abbellimento di alcuni muri del paese. Nell'arco dei decenni che seguirono, l'esperienza muralistica coinvolse decine di persone, orgolesi e stranieri, che trasposero sui muri delle case del centro storico di Orgosolo scene di vita locale e internazionale, interpretate secondo la sensibilità di ciascuno. Il risultato è una straordinaria testimonianza artistica che non ha confronti nel resto dei paesi della Sardegna che presentano forme di muralismo: infatti altrove quest'arte ha manifestazioni prevalentemente ornamentali e non si presenta mai con soggetti di storia contemporanea, tanto meno a esplicita valenza sociopolitica. Sui muri di Orgosolo invece scorre la storia, tutta la storia, non solo quella locale. Accanto alle rivendicazioni politiche e sociali sarde spuntano dagli intonaci, con la stessa disinvoltura, le torri gemelle in fiamme, i volti di una Gaza fucilata nei suoi padri abbracciati ai figli, il lamento degli indiani d'America senza piú terra né identità, la missione militare in Etiopia, tangentopoli dimenticata ovunque tranne qui, le troppe basi militari, Carlo Giuliani, il cielo da cui non piove piú e la lotta contro un parco non voluto, insieme combattuta e insieme vinta. Nei fumetti naïf di Orgosolo le frasi di Emilio Lussu si mischiano a quelle di Helder Camara, ai versi di Brecht e di Turoldo, ai pensieri di Gramsci e di Gershwin. In nessun altro posto la Sardegna emana dalle case stesse una cosí alta consapevolezza di essere scheggia di un mondo enorme, la cui eco giunta fino a qui riverbera tra i muri fino a diventarne parte.

I critici del fenomeno orgolese amano evidenziare che l'esperienza del muralismo qui non nasce da matrice culturale sarda, ma la verità di questa affermazione non tiene nel dovuto conto il fatto che senza l'accettazione attiva della comunità non sarebbe mai stato possibile che il fenomeno assumesse proporzioni cosí rilevanti, rivelandosi alla fine come una delle piú efficaci forme di condivisione culturale che sia stato possibile ottenere da questa terra diffidente, abituata a lasciarsi scorrere addosso tanto i secoli che gli aspiranti invasori.

I murales attuali sono in gran parte di ispirazione dadaista e cubista, e vengono realizzati indifferentemente da orgolesi e stranieri, previa semplice richiesta di permesso al padrone del muro scelto come tela. L'apporto piú significativo alla loro realizzazione resta infatti quello tacito di chi permette che l'opera venga rappresentata sul proprio muro di casa, perché metterci quella superficie implica accettare il contenuto del messaggio che vi comparirà, messaggio che nella storia del muralismo orgolese è stato quasi sempre pesantemente politico, per nulla neutro.

La gente di Orgosolo è complice dei murales, che restano una realizzazione collettiva, se non artistica quantomeno ideologica; metterci il muro e metterci il cuore è infatti concettualmente la stessa cosa, se il muro è quello del posto dove vivi, mangi, fai l'amore, lavori e muori. All'orgolese sembra esserci perfetto equilibrio tra i muri dentro le case, dove forse ci sono appesi i disegni dell'asilo dei suoi figli, e quelli esterni delle facciate, dove compare la trasposizione interpretativa dei fatti del mondo dove quei figli cresceranno.

Anche come comunità Orgosolo ha fatto una scelta ospitando i murales, perché un dipinto su un muro non è ovviamente solo del padrone del muro; è visibile a chiunque, può offendere o consolare, far pensare o far storcere il naso, al di là della discussione spesso oziosa sul valore artistico. Il fatto che tra quei dipinti non ce ne sia neanche uno sfregiato, nemmeno i piú espliciti o politicamente schierati, implica chiaramente che dietro l'esistenza di ogni murale c'è l'assenso tacito di un'intera comunità che rivela, accanto a una mente apparentemente locale, un silenzioso cuore globale.

Figura 1.
Murales di Orgosolo.

2.

Pietra

Nuraghi, muri, menhir e spose

Provincia di Oristano,
regione storica del Montiferru,
comune di Abbasanta.

Provincia di Cagliari,
regione storica del Sarrabus-Gerrei,
comune di Goni.

Provincia del Medio Campidano,
regione storica del Sulcis,
comune di Guspini.

Provincia di Nuoro,
regione storica della Barbagia di Ollolai,
comune di Mamoiada.

> Tutti i nuraghi che ho visto per me non hanno interesse interno. Piuttosto presenze misteriose, nella campagna, ho sentito il loro fascino e l'ho subito nelle loro coniche apparizioni di pietra su pietra.
>
> Elio Vittorini, *Sardegna come un'infanzia*.

Per i sardi la pietra è il principale luogo simbolico della memoria, dato che sono principalmente in pietra i segni piú evidenti di una storia antichissima che non ne ha lasciati visibili molti altri. Questa elezione della pietra a portatrice di memoria è tanto radicata che in Campidano per favorire il ricordo di qualcosa di importante si usava mettere un piccolo sasso in una tasca – *sa pedra de s'arregodu*, la pietra della memoria – allo stesso modo in cui altrove ci si faceva un nodo al fazzoletto.

Che sia basalto, granito, arenaria, trachite o tufo, l'associazione mentale tra la Sardegna e la pietra è seconda solo a quella tra la Sardegna e il mare, e comincia quando ancora non si è posato il piede sull'isola.

Già nel 1932 un giovanissimo Vittorini racconta cosí, nel diario di viaggio *Sardegna come un'infanzia*, il suo primo impatto con la vista dell'isola quando ancora non ha neppure lasciato la nave approdata nel golfo di Cagliari: «La città ci è apparsa sopra un monte metà roccia e metà case di roccia, Gerusalemme di Sardegna».

Anche arrivandoci in volo è impossibile non notare, oltre alla scarsissima densità urbana, un'altra presenza rocciosa, forse meno suggestiva di quella che suggerí accostamenti biblici a Vittorini ma altrettanto caratteristica: l'irregolare impianto di muretti a secco che imbriglia gran parte della Sardegna come una rete dalle maglie sgranate. A differenza delle campagne di altre regioni, che presentano appezzamenti regolari di dimensioni anche notevoli, questi terreni recintati a pietre sono in genere pic-

colissimi e non hanno confini squadrati, come fossero stati trac-
ciati dalla mano di un ubriaco.

Si tratta del frutto della brusca introduzione in Sardegna del
concetto di proprietà privata della terra, che fino al 1820 era
estraneo alla cultura dell'isola. Prima di allora, infatti, la gestione del terreno era regolata in maniera collettiva dalle norme sta-
bilite nella Carta de Logu promulgata nel Quattrocento dal giudice Eleonora d'Arborea: in base a queste norme ogni villaggio
aveva un proprio territorio, chiamato significativamente *funda-
mentu*, suddiviso in due parti entrambe di proprietà della collet-
tività. La destinazione d'uso di queste due parti ruotava saggia-
mente anno per anno, alternando pascolo e semina e garantendo, oltre ad uno sfruttamento sostenibile delle risorse dei terreni,
anche l'interesse comune a mantenerli fertili e ben difesi da attacchi esterni. Questo geniale sistema di gestione della terra de-
rivava direttamente dall'antica cultura nuragica e tutte le precedenti dominazioni passate sul territorio sardo l'avevano intelli-
gentemente lasciato immutato. Invece nel 1820, sotto il governo
sabaudo, il principio della proprietà collettiva della terra venne
cancellato di colpo dalla famigerata legge detta «delle chiudende». Nel tentativo di creare una nuova classe borghese con origine contadina, il governo torinese frantumò il territorio agricolo sardo, decretando che sarebbe stato sufficiente delimitare in
qualche modo un pezzo di terra per diventarne automaticamen-
te proprietari. La norma generò una folle corsa al muretto, ma-
gistralmente descritta in una celebre quartina del cantore satiri-
co Melchiorre Murenu, improvvisatore poetico di Macomer famoso in tutta l'isola, al quale la cecità non impedí di farsi
testimone lucido degli eventi del suo tempo:

Tancas serradas a muru
Fattas a s'afferra-afferra
Si su chelu fit in terra
*Si l'haiant serradu puru**

---

* [Terreni chiusi a muro | Fatti a chi ne afferra di piú | Se il cielo fosse
stato in terra | Avrebbero chiuso anche quello].

Furono inutili le sommosse per ripristinare il vecchio ordinamento collettivista: per effetto della legge «delle chiudende» ogni uomo divenne al tempo stesso proprietario e prigioniero del fazzoletto di terra che era riuscito a recintarsi; i contadini sardi, che prima erano padroni di tutta la loro terra e la gestivano con criterio millenario, si ritrovarono signori apparentemente assoluti di scampoli aridi domabili solo con strumenti rudimentali, destinati a rimpicciolirsi ulteriormente nelle successioni ereditarie e soprattutto a isterilirsi a causa della privazione dell'alternanza tradizionale tra pascolo e semina. Quella legge è la causa principale della totale assenza di forme di agricoltura intensiva in terra sarda, eccettuato il caso del paese di Arborea in provincia di Oristano, che negli anni Venti strappò la terra alla palude con la bonifica antimalarica e vi applicò criteri di sfruttamento piú razionali: il centro è tuttora abitato dalla comunità di origine veneta che lo fondò e non è certo un caso se ha la produttività agricola piú elevata dell'isola ed è tra i primi cinque produttori italiani di latte. Il caratteristico muretto a secco che tanto incanta il turista va quindi letto come un sovvertimento dell'ordine delle cose note, la prova visibile della perdita dell'innocenza collettiva in seguito alla quale le linee di pietra delle «chiudende» hanno segnato il territorio sardo come cicatrici di una ferita.

Una volta che ci si è abituati alla loro rudimentale fattura, ci si rende conto che i muretti a secco non sono altro che la caricatura frettolosa dei nuraghi, non solo perché ne imitano rozzamente la realizzazione a incastro, ma soprattutto a causa del fatto che, per la foga di impossessarsi dei terreni, dove è stato possibile i confini sono stati eretti per lo piú con massi sottratti ai nuraghi stessi. In seguito a quella razzia – e anche alla mano pesante dei cacciatori di tesori archeologici – lo stato di molti dei nuraghi visibili è stato seriamente compromesso e alcuni sono andati distrutti; ciononostante sul territorio se ne stimano ancora piú di settemila, disseminati in maniera non uniforme e molti ancora non portati pienamente alla superficie.

Franco Fresi nella sua *Guida insolita* offre dei nuraghi una descrizione suggestiva, fedele a quello che, anche senza cercarli appositamente chiunque può vedere lungo le strade che percorrono l'isola:

> [...] da lontano molari rotti sulle mascelle irregolari di vasti orizzonti, da vicino torri spezzate a forma di tronco di cono, alti sui rilievi o accovacciati sul fondo delle valli, vestiti di edere rossicce e di muschi arrugginiti dalla siccità.

I nuraghi sono sicuramente la più diffusa caratteristica del paesaggio sardo, ma nemmeno la frequenza della loro visibilità riesce a instillare in chi guarda un senso di familiarità: resta sordo in latenza il pensiero destabilizzante che non esista niente di simile altrove. Questi colossi di pietra negano infatti ogni appiglio all'occhio che per comprenderli meglio volesse cercare di collocarli in qualche alveo storico noto. I nuraghi sono del tutto privi di elementi decorativi, non manifestano alcuna funzione evidente, ma soprattutto, con la stessa forza delle piramidi e delle statue antropomorfe dell'isola di Pasqua, sono portatori di una regalità ieratica che sembra ridurre tutto ciò che c'è intorno a evento transitorio, visitatori compresi, lasciando addosso tanta inquietudine quanta ammirazione.

Se da una parte è vero che la civiltà nuragica che li ha eretti, sviluppatasi nell'età del bronzo e del ferro tra il 1800 e il 300 a.C., non ha similitudini nel resto dell'area mediterranea, sarebbe tuttavia scorretto ripetere ancora quello che si è scritto per anni nei libri di scuola, quando i percorsi di ricerca archeologica sul territorio sardo erano ancora agli esordi. Non è più vero che di questa civiltà senza emuli noti non sia possibile dire nulla con sicurezza, anche se per decenni tutte le ipotesi sull'origine dell'antico popolo sardo e sulla destinazione delle sue costruzioni si sono equivalse per autorevolezza, spaziando dall'idea che i nuraghi fossero costruzioni difensive a quella che si trattasse di luoghi adibiti di volta in volta al culto, all'osservazione celeste, ad abitazione di capi militari o religiosi, fino a ipotizzarli come tombe-mausoleo di eroi della comunità, oggetto di qualche tipo di perduta venerazione. Allo stato attuale degli studi si può invece affermare con piú certezza che, qualunque fosse il motivo che ha spinto il popolo nuragico a ergere cumuli di pietre dapprima molto semplici (i cosiddetti pseudonuraghi) nel primo periodo della sua civiltà, l'ipotesi piú accreditata resta quella che legge la destinazione finale dei nuraghi in chiave bellico difensiva, riconoscendo – durante il periodo storico coincidente con gli approdi fenici e cartaginesi nell'isola – una loro progressiva trasformazione in fortezze e torri di scrutamento del mare, sempre piú strutturate e posizionate in modo da permettere la trasmissione di segnali di allarme anche a grandissime distanze, attraverso il fuoco. Nei racconti degli anziani è presente la memoria di un tempo in cui da ogni nuraghe se ne vedevano sempre altri due, ipotesi ora inverificabile a causa del fatto che molti sono andati distrutti, ma che certo dà forza alla teoria della catena difensiva. È suggestiva la ricostruzione onirica che di questa dinamica offre lo scrittore Sergio Atzeni nel libro che ripercorre con toni epici il misterioso percorso storico degli antichi sardi:

> Umur di Mu imparò ad accendere il fuoco alla maniera degli Ik e fece il primo *n'ur agh e*. Nella notte le fiamme uscendo alte furono visibili a Na. Usir di Na fece il secondo nuraghe. Nella notte gli uomini di Se videro le fiamme e fecero il terzo nuraghe. Il fuoco resisteva al vento, grazie alla corona di pietre, e non usciva ad attaccare gli alberi. La forma della corona, che salendo si restringe a cono, costringeva le fiamme in un solo fuoco, una sola luce. In caso di pericolo Umur accendeva e attizzava, le fiamme uscivano dal cono tronco di pietre come freccia di luce, rossa e arancio se vista dai primi monti, bianca e azzurra da lontano, lanciata nel cielo ad avvisare l'isola dell'arrivo nemico.

Il sospetto che a fondare queste parole non sia solo la fantasia di Atzeni si fa piú radicale visitando, ad esempio, il nuraghe Santu Antine a Torralba, provincia di Sassari e regione storica del Meilogu, uno tra i piú significativi e meglio conservati dell'isola. Custodi permettendo, basterebbe posizionarsi al centro della camera interna della torre, arrotolare un foglio di giornale e dargli fuoco in cima, per osservare l'efficacia del tiraggio generato dall'apertura sovrastante: neppure una scintilla cadrebbe in terra, risucchiata verso l'alto da un effetto a canna fumaria che non è pensabile immaginare come casuale, ma è invece frutto di una volontà precisa e di un genio costruttivo tutt'altro che elementare. La posizione spesso sopraelevata e la distribuzione complessivamente omogenea del numero dei nuraghi nel territorio dell'isola avvalora ulteriormente l'idea di un meccanismo collettivo di comunicazione e difesa, talmente diffuso da far ipotizzare all'archeologo Giovanni Lilliu che i nuraghi rappresentino, oltre che l'ingegno dei loro antichi costruttori, anche l'embrione di una prima consapevolezza «nazionale» dei sardi, sviluppatasi per contrapposizione ai popoli estranei venuti dal mare.

Anche se il complesso nuragico piú importante dell'isola resta la straordinaria reggia di Barumini, portata alla luce dallo stesso Lilliu in provincia del Medio Campidano nella regione storica della Marmilla, quello piú accessibile tra i nuraghi maggiormente rappresentativi è il Losa, in provincia di Oristano, sul confine tra l'altopiano di Abbasanta e la regione storica del Montiferru: questo nuraghe si trova infatti adagiato in un'ansa della strada statale 131, la principale arteria sarda che fa da spina dorsale alla rete viaria dell'isola. Il momento piú suggestivo per visitarlo è in inverno al mattino presto, quando la piana di Abbasanta è ancora velata di bruma e il nuraghe, un colosso addormentato, si erge maestoso in perfetto silenzio sull'erba bagnata. La rigorosa proporzione della sua struttura infligge all'occhio di chi guarda un inganno che con i nuraghi non è affatto infrequente: solo arrivandoci esattamente a ridosso è possibile rendersi conto di quanto siano grandi in realtà. Il Losa, che visto da qualche decina di metri di distanza appare come un cumulo di sassi ordinati in pila, è in realtà una torre alta circa tredici metri, a fronte della ventina che probabilmente raggiungeva in origine, e l'andamento morbido della cinta muraria che lo circonda crea l'illusione ottica che si tratti di una struttura a base conica; in realtà in veduta aerea il nuraghe appare come un enorme trifoglio di pietra, con una pianta trilobata di dimensioni e complessità stupefacenti. La sua costru-

zione, come tutte quelle dei nuraghi piú articolati, viene fatta
risalire a circa mille anni prima di Cristo, cioè alla seconda delle tre fasi di sviluppo della longeva civiltà nuragica, quella in
cui le tecniche costruttive e la struttura socioculturale del popolo dei protosardi erano all'apogeo.

La teoria che suppone i nuraghi come elementi centrali di
un piano di difesa del territorio non sembra tuttavia bastare da
sola a spiegare la funzione di queste torri. Al loro interno sono
stati infatti ritrovati in grande numero dei piccoli capolavori in
bronzo, testimonianze di un'elevata conoscenza dei segreti della metallurgia, che la finalità esclusivamente bellica del nuraghe
non sarebbe sufficiente a giustificare, e che infatti ha nutrito le
ipotesi relative alla loro destinazione cultuale o funeraria. Si
tratta dei cosiddetti bronzetti nuragici, piú di cinquecento statuine di squisita fattura, dall'osservazione delle quali è possibile dedurre uno schema di organizzazione sociale gerarchico, con
a capo un re-pastore, una casta sacerdotale, una guerriera e una
sottostruttura agropastorale probabilmente gestita da famiglie
organizzate in clan, che vivevano in villaggi di capanne di pietra e frasche intorno alla torre principale del nuraghe.

Le statuette, che sono conservate in gran parte nel Museo
Nazionale Sanna di Sassari, raffigurano splendidamente figure
umane di ambo i sessi in scene di vita quotidiana, animali do-
mestici e selvatici, imbarcazioni reali o votive, guerrieri in inquietante assetto da battaglia, raffigurazioni di divinità ance-
strali e di rituali religiosi di varia natura. A Elio Vittorini i bronzetti però non piacquero affatto, e nel suo diario di viaggio
fornisce una descrizione inorridita di questi capolavori dell'arte nuragica scorti da dietro una teca al museo, attribuendogli
funzione di idoli:

> Verdognoli, come estratti da una melma marina, sorridenti d'un osce-
> no sorriso, protendono le braccine cariche di emblemi fallici nel loro uni-
> verso di cristallo. Sembrano mummie di primordiali pitecantropi. Alme-
> no a prima vista, poi si capisce che bronzi d'inferno siano. E dentro di
> noi si cerca quale genere di sentimento religioso poteva farsene oggetto
> di adorazione. Idoli da portarsi in tasca, da riporsi dentro un comodino
> da notte, o da dare in mano ai ragazzi a sostituzione d'un giocattolo per-

duto. Genietti. Né si riesce a credere che abbiano tremila anni. Piuttosto si pensa che ancora se ne fabbrichino nei villaggi come Oliena; da mettere poi su una mensola a piè del quadro della Vergine.

La casta guerriera, la piú rappresentata in queste opere artistiche in bronzo, doveva avere certamente un peso notevole nell'organizzazione sociale nuragica, che nella sua fase conclusiva, arretrando sempre di piú verso l'interno dell'isola, era ormai prevalentemente orientata a difendersi dalla crescente pressione delle invasioni, cartaginese prima e romana poi. I bronzetti da analizzare avrebbero potuto essere molti di piú se la maggior parte non fossero finiti sul mercato nero dell'arte archeologica negli anni in cui l'archeologia in Sardegna conosceva la sua primavera; non di rado lo sciacallaggio dei nuraghi ha visto protagonisti proprio i sardi stessi, che hanno svenduto reperti dal valore incalcolabile a collezionisti e mercanti d'arte con pochi scrupoli. Ancora oggi capita che, dove i nuraghi sono piú numerosi e spesso non ancora venuti bene alla luce, l'arricchimento improvviso e misterioso di qualcuno sia guardato con sospetto e collegato alla possibilità di un ritrovamento (e conseguente smercio) di quella natura.

L'idea che i bronzetti potessero essere statue votive destinate ad accompagnare il viaggio funebre dei capi della comunità nuragica continua a motivare i sostenitori dell'ipotesi del nuraghe come tempio-mausoleo di defunti eroici, poi mitizzati. Questa teoria trova riscontro in una usanza davvero curiosa, documentata dalla studiosa Dolores Turchi nelle sue osservazioni sullo sciamanesimo in Sardegna. Si tratta dell'antica abitudine dell'incubazione, ovvero la credenza secondo la quale sia possibile guarire da mali per lo piú psichici (allucinazioni, ossessioni, manie, ma anche epilessia) dormendo all'interno di un nuraghe. È Aristotele a dare notizia per primo di questo uso, informazione ripresa poi da Tertulliano che lo cita «... un certo eroe della Sardegna liberava dalle visioni coloro che andavano a dormire nel suo tempio». L'usanza, che ha diversi altri riscontri, testimonia l'induzione nel malato – attraverso erbe o funghi psicotropi ben noti alle genti dell'isola – di un sonno chimico lungo giorni, da trascorrersi dentro il nuraghe alla presenza della misteriosa salma di un presunto «eroe» nuragico, presumibilmente imbalsamata. Di queste salme non si è mai trovata traccia nei nuraghi, ma il dubbio è legittimo e rimane.

Dallo studio delle statuine bronzee emerge nitidamente un altro elemento interessante: la pari considerazione dell'uomo e della donna nella società nuragica. Questo aspetto originale dello spirito costitutivo dei sardi resterà costante anche nei secoli seguenti, giungendo pressoché intatto fino ai giorni nostri, nonostante le lunghe dominazioni di altre culture a carattere piú spiccatamente patriarcale e sessista.

È ancora Atzeni ad immaginare cosí le donne guerriere della preistoria sarda, regine dei nuraghi, determinate nell'animo quanto lo erano i loro uomini nell'uso delle armi:

> Lea di Se coprí il nuraghe con legna, sughero e frasche e si chiuse al buio per partorire Usir, che nacque e restò nel nuraghe con la madre per trenta giorni e trenta notti, la trentunesima notte era senza luna, Lea e Usir uscirono. Usir crebbe e vedeva con gli occhi dell'aquila, parlava coi cavalli, fu sfidato trenta volte da guerrieri invitti e trenta volte vinse e uccise. Mai l'isola aveva avuto un combattente come lui. Molte donne di Se decisero di partorire figli guerrieri, molte donne di molti villaggi decisero di partorire combattenti, ogni madre almeno per un figlio imitava Lea di Se, partoriva nel nuraghe e stava chiusa dentro trenta giorni e trenta notti col neonato. «Almeno una volta nella vita è necessario farlo» dicevano. Attorno al nuraghe di Se sorsero cento e cento coni tronchi di pietra piú grandi e piú piccoli del primo. Alcune donne lasciarono i villaggi e andarono a vivere nei nuraghi, aiutavano le madri a partorire e portavano loro acqua e cibo nei trenta giorni di buio.

L'importanza dell'elemento femminino nella cultura nuragica emerge costante anche nelle tracce relative al culto, trovando espressioni significative sia nel bronzo che nella pietra. Ma è in quest'ultima che sono rimaste impresse le testimonianze piú importanti di quella antica fede politeista, capace di attribuire proprio alla complementarietà del principio maschile e femminile il ruolo di cardine essenziale del proprio mondo.

L'esempio di questa sintesi sono i menhir disseminati in tutta l'isola, a volte solitari, altre strutturati in lunghe file, denti mo-

struosi in tutto simili ai ritrovamenti megalitici della Bretagna.
La piú alta concentrazione di menhir in Sardegna si trova nel parco archeologico di Pranu Muteddu, nel comune di Goni, nella
provincia di Cagliari e regione storica del Sarrabus-Gerrei.

Il fascino di questi monoliti è da sempre direttamente proporzionale alla loro incomprensibilità: spesso ritenuti sbrigativamente simboli fallici, i menhir sardi possono invece avere segni identificativi sessuali di entrambi i generi a seconda della
fattura e della collocazione. Quelli femminili hanno forme con-
cave o convesse e in qualche caso presentano con evidenza le
forme del seno, mentre quelli maschili sono levigati e alludono
all'organo genitale stilizzato; alcuni infine sono abbozzi di figure umane e non hanno caratteristiche sessuali riconoscibili.
Che tutti questi tipi di menhir siano elementi cultuali legati a
qualche rito di fertilità è solo una teoria, al pari di quella che li
vuole disposti secondo un principio di natura astronomica; ma

Figura 2.
Cintura di menhir.

sarebbe una teoria che trova eco nei racconti tradizionali – i cosiddetti *contos de fuchile*, vero e proprio genere letterario nato attorno ai camini – che narrano come, nell'alta Marmilla e nella Barbagia di Seulo, le donne afflitte da problemi di infertilità fossero solite recarsi nelle valli dei menhir con il sorgere della luna giusta, sollevando le vesti per strusciare ripetutamente il ventre nudo contro la pietra fredda, dopo essersi unte con un apposito unguento di cui cospargevano anche il megalite. Che si tratti o meno di leggenda, una visita a Pranu Muteddu vale comunque la pena e risulta particolarmente suggestiva all'ora del tramonto, quando dalle pietre confitte prendono vita lunghe ombre che dilatano tanto le forme dei monoliti quanto gli interrogativi di studiosi e visitatori.

Non è solo l'uomo ad aver trovato nella pietra sarda una fonte di ispirazione per la creatività: il primo esempio anche per i protosardi deve essere stata la natura stessa, che spesso con il vento, con il mare e con i suoi capricci geologici ha dato vita a vere e proprie sculture. Sono celebri le rocce della Gallura modellate dal maestrale in forme di animali, come il gigantesco orso di pietra di Palau. Molto meno note, ma solo perché lontane dai percorsi turistici tradizionali, sono le cosiddette canne d'organo del monte Cepara all'interno dell'abitato di Guspini. Si tratta di un piccolo e rarissimo cono basaltico di origine vulcanica, dichiarato monumento naturale dalla Regione Sardegna e patrimonio dell'umanità dall'Unione Europea. Questo gioiello geologico è composto da prismi basaltici alti una ventina di metri, disposti affiancati in modo talmente regolare da imitare esattamente la forma delle canne di un organo. I basalti colonnari come questo si formano solo dalla lenta risalita in fessure ristrette del magma a fortissima pressione: la lava condensandosi crea il perfetto taglio verticale delle alte colonne. Tracce di questo fenomeno vulcanico nell'isola ce ne sono svariate, ma nessuna ha la straordinaria nitidezza finale del capolavoro geologico di Guspini, il cui unico difetto è quello di trovarsi collocato all'interno del giardino di una casa privata, ai cui proprietari è naturalmente necessario chiedere il permesso.

La passione dei sardi per la pietra è in piena riscoperta negli ultimi anni anche nell'edilizia: quando ce la si può economicamente permettere si continua a preferirla ad ogni altro materiale da costruzione. Qualche volta però capita che ristruttu-
rando un'antica casa, magari ereditata, ci si imbatta in pietre
che non si stavano affatto cercando, di natura ben piú pregevo-
le e sorprendente: è il caso fortunato dei padroni di un bed &
breakfast di Mamoiada, un paese della Barbagia di Ollolai a
qualche decina di chilometri da Nuoro. Nel 1997, durante i lavori di scavo per realizzare una piccola piscina, gli attoniti proprietari si imbatterono in una stele di pietra del periodo neoli-
tico, alta quasi tre metri e decorata a motivi di cerchi concen-
trici di varie dimensioni, disposti in modo sparso e tutti
attraversati per metà da un'asta che parte dal centro e termina
con una curva al di fuori del cerchio piú ampio. Sulla pietra com-
paiono anche coppelle di varie dimensioni, con un significato
di sicura valenza magica probabilmente legato a culti della fertilità e al ciclo di morte e rinascita della natura e delle stagioni,
tipici della religiosità delle popolazioni di età Neolitica. Lo strano menhir, visibile proprio davanti al bed & breakfast omonimo, e denominato poi *Stele di Boeli* dal nome della località del
ritrovamento, è unico nel suo genere in Sardegna (gli unici altri due esemplari, ridotti in pezzi, erano tutti nei dintorni di
Mamoiada), ma risulta analogo a diversi altri dello stesso periodo preistorico ritrovati in Irlanda, Scozia, Inghilterra e Fran-
cia settentrionale, lasciando aperte le ipotesi piú suggestive, una
piú indimostrabile dell'altra. Comunque stian le cose, il legame con la pietra nutre inconsapevolmente quello con la storia
e contribuisce a rafforzare il rapporto tra memoria e identità,
assai piú fragile e occulto.

Per un occhio curioso a questo particolare aspetto del paesaggio sardo esiste anche un altro viaggio possibile, una «via
della pietra» che non conduce a destinazioni archeologiche e
può essere scoperta facilmente attraversando i paesi disposti
sulla linea centro occidentale dell'isola: nell'arco di un centinaio di chilometri partendo da Oristano per risalire verso Sas-

sari, è possibile riconoscere i confini tra le antiche sub-regioni semplicemente osservando il materiale di cui sono fatte le abitazioni dei centri storici: mattoni di fango e paglia in Campidano, dove la fragile e dorata arenaria risulta troppo porosa per garantire contro l'umidità; il fascino della trachite a vista che tinge di tanti toni di rosso il paesaggio urbano nel Barigadu; i riflessi ferrosi del basalto vulcanico che si incontrano deviando nel Montiferru e la meraviglia delle vecchie abitazioni in tufo rosa della Planargia, fino a concludere, davanti alle facciate bicrome delle chiese romaniche del Meilogu e del Logudoro, la lenta ricerca di una Sardegna poco nota, con un eloquente cuore di pietra.

3.
Arte
Acciaio, necessità, parola e altri materiali

Provincia di Nuoro,
regione storica della Barbagia,
comune di Nuoro.

Provincia di Nuoro,
regione storica della Barbagia di Orgosolo,
comune di Orani.

Provincia di Nuoro,
regione storica del Mandrolisai,
comune di Atzara.

Provincia di Sassari,
regione storica della Nurra,
comune di Alghero.

Provincia di Sassari,
regione storica del Logudoro,
comune di Pattada.

Provincia di Oristano,
regione storica del Montiferru,
comune di Santulussurgiu.

Provincia del Medio Campidano,
regione storica del Campidano,
comune di Guspini.

Provincia di Nuoro,
regione storica della Barbagia di Orgosolo,
comune di Gavoi.

> Io ho fatto il turista a casa mia. Certo. Nella terra/spiaggia.
> Nella terra/ciambella. Nella terra/vacanza. Io ho visto bene me
> stesso con il costume della festa. E mi sono visto come gli altri
> mi vedevano, non come ero. Perché adattarsi allo sguardo al-
> trui può diventare una forma di sopravvivenza, ma anche una
> forma di eutanasia.
>
> Marcello Fois, *Io ho visto*.

In una terra dove persino il vento che soffia potrebbe sembrare uguale a se stesso da sempre, si fatica a credere che ci sia
un mondo artistico in continuo fermento, con produzioni decisamente molto diverse da quelle che l'ovvio vorrebbe incontrare nei pertugi delle botteghe dei centri storici. L'arte invece in Sardegna respira con due polmoni a pieno fiato, quello
della tradizione e quello della modernità, e sta conoscendo negli ultimi anni una vitalità a tutto tondo che non ha precedenti per espressione corale, dalla musica alla pittura, dalla letteratura alla moda.

L'esplosione artistica dell'isola diviene perfettamente ap-
prezzabile solo considerando l'antro dell'artigiano del Sulcis e
il Museo di Arte Contemporanea di Nuoro (MAN), come espressioni della stessa sensibilità. Proprio nel successo di questo Museo, che nei primi dieci anni dalla sua apertura ha visto quadru-
plicare il numero dei visitatori e quello delle opere degli artisti
sardi esposti, c'è la scommessa più importante vinta dall'arte in
Sardegna: quella contro la rappresentazione di se stessa come
casuale parco archeologico a cielo aperto, appena capace di bal-
bettare qualcosa sul passato, ma lasciando la narrazione del presente e del futuro alle vere capitali mondiali della cultura. Oggi il MAN, con la sua palazzina bianca al centro della piazza storica dedicata allo scrittore Sebastiano Satta, è una delle realtà
museali più interessanti dell'orizzonte artistico italiano, grazie
anche alla sensibilità del giovane direttore artistico Cristiana
Collu, capace di portare sull'isola opere che solo qualche anno

fa sarebbe stato impensabile immaginare di vedere al di qua del
mare, e proiettando gli artisti sardi nel difficile e competitivo
panorama internazionale. Il principale merito del museo nuorese è quello di aver fatto da volano per la vitalità artistica del-
l'intera isola, trovando nella città di Cagliari il suo ideale con-
trocanto: attualmente in Sardegna trovano spazio e attenzione
decine di musei e gallerie d'arte, creativi di ogni spessore, in-
stallazioni inedite a cielo aperto, melting pot culturale e una voglia mai conosciuta di comunicare, in un tempo in cui l'essere
isola sembra aver smesso di costituire un limite per diventare
uno straordinario catalizzatore espressivo.

Da questa ampiezza di respiro ha preso vita anche l'avveni-
ristico progetto del Bètile, il Museo di Arte Nuragica e Contemporanea destinato a cambiare il volto a mare della città di
Cagliari grazie alla prospettiva visionaria dell'architetto anglo-
irachena Zaha Hadid, che ha vinto il concorso regionale sbara-
gliando nomi di spessore internazionale come Massimiliano
Fuksas e lo studio svizzero Herzog & Meuron, già progettisti
della Tate Modern di Londra.

Purtroppo l'artigianato, inteso come produzione spontanea
dell'utile e del bello insieme, fatica a stare al passo con questo
terremoto culturale, resistendo per poche produzioni in preci-
se località, quelle dove ancora i *maistos*, i mastri d'arte, vale la
pena andarli a cercare. La figura del mastro, qualunque fosse la
sua arte, ha avuto un'importanza basilare in una società agropastorale in cui l'unica scuola possibile era l'esperienza, e l'u-
nico sapere buono il saper fare. Nell'isola, che per secoli ha vissuto in un'economia di sussistenza che aveva ben poche risorse da dedicare al superfluo, chi deteneva il segreto di realizzare
in modo straordinario le cose ordinarie godeva di una considerazione sociale proporzionata, che fosse uomo o donna. L'es-
senzialità delle risorse a disposizione, anziché soffocare il prepotente bisogno di bellezza, ha fatto in modo che questo tro-
vasse sfoghi inattesi, e i risultati infrangono sonoramente il
pregiudizio che in un mondo povero la cosa piú vicina al bello
sia tutt'al piú il ben fatto.

Forme di velluto.

L'esempio piú eclatante di questa ritrosia dell'artigianato sardo a piegarsi al solo criterio della funzionalità era la lavorazione di stoffe e tagli per i costumi tradizionali, in special modo i costumi dei paesi dell'interno, caratterizzati da una profusione di colori vivaci, gioielli, ricami e stoffe preziose del tutto sproporzionati all'uso comune a cui erano destinati. A guardarli oggi nelle numerose mostre del costume disseminate per l'isola, stupisce constatare come le donne in casa, fino agli anni Cinquanta, vestissero letteralmente come regine, e i loro uomini al pascolo come principi di regni noti a loro soli. Questa eleganza, del tutto incongrua al contesto, è rilevata anche da Lawrence, che nel 1921 restò affascinato dall'abbigliamento tradizionale sardo, in specie quello maschile, e lo descrive con accenni entusiastici:

> E vedo il mio primo contadino in costume. È un bell'uomo, anziano, diritto, splendido nel suo costume bianco e nero. Indossa la camicia bianca con le maniche ampie e il corpetto nero chiuso di grossa rascia locale, corto. Da questo spunta un gonnellino o gala, arricciato della stessa rascia nera, di cui una fascia passa tra le gambe, tra i larghi mutandoni di lino grezzo. I mutandoni sono legati sotto il ginocchio in strette ghette di rascia nera. In testa ha un lungo berretto nero a calza che pende sulle spalle. Come è bello e splendidamente maschio! Cammina con le mani appoggiate dietro la schiena, lentamente, eretto, distaccato. La splendida inaccessibilità, indomabile. E il balenare di nero e di bianco, il passo lento degli ampi mutandoni bianchi, le ghette nere e il corpetto nero col bolero, poi le larghe maniche bianche e ancora il petto bianco, e di nuovo il berretto nero: che meraviglioso accavallarsi di contrasto, meraviglioso e superbo, come in una gazza. Come è bella la virilità, se trova la sua giusta espressione! E come è resa ridicola dagli abiti moderni!

Naturalmente ai giorni nostri nessun uomo in Sardegna indossa qualcosa che somigli, anche lontanamente, a quello che colpí lo scrittore inglese, e solo in pochissimi paesi dell'interno è ancora possibile vedere donne di una certa età portare il variegato vestiario tradizionale o parti di esso. Tuttavia alcuni ele-

menti di quell'abbigliamento sono sopravvissuti all'avvento della tessitura in serie, e pur subendo adattamenti tali da non poter essere piú considerati tradizionali, non si possono per questo assimilare in alcun modo alla banalità della produzione industriale.

Il passaggio fondamentale per l'abbigliamento maschile si è
verificato tra gli anni Sessanta e Settanta, quando le tessiture
tradizionali in orbace furono quasi totalmente soppiantate dal
jeans e dalle polo nere. Solo negli anni Ottanta, per quel meccanismo sociale misterioso che l'archeologo Giovanni Lilliu ha
definito «costante residenziale sarda», in molti paesi dell'interno le nuove generazioni hanno spontaneamente fatto ritorno a
un abbigliamento che caratterizzasse maggiormente l'appartenenza locale, in una sorta di riscoperta dell'identità che doveva passare anche, ma forse soprattutto, attraverso un preciso
codice di segni esteriori. Si tratta per lo piú di camicie maschili realizzate ancora a mano con cura certosina, e dell'utilizzo del
velluto come sostitutivo dell'orbace per realizzare calzoni, giac-
che e berretti. Attualmente, tra i giovani delle regioni interne
di Barbagia e Ogliastra, questi elementi d'abbigliamento hanno un vispo mercato, ed è in queste accuratissime lavorazioni
di nicchia che sopravvive il sapere degli antichi *maistos de pannos*, i mastri di stoffa, che operano in sartorie artigianali la cui
fama ha negli ultimi anni varcato spesso anche il mare. Il caso
piú noto è quello di Paolo Modolo, il sarto di Orani che ha vestito di velluto, oltre sardi con il gusto per la tradizione come
l'ex presidente della Repubblica Francesco Cossiga e lo scrittore Salvatore Niffoi, anche capi di stato, sportivi, uomini di spettacolo ed esponenti del jet set di varia nazionalità. Nella sua sartoria di Orani, come in quella altrettanto accurata di Bachisio
Serra di Atzara, arrivano non solo velluti preziosi da diverse
parti del mondo per soddisfare il gusto moderno di nuovi tagli
e colori, ma soprattutto il velluto rigato tradizionale, del tipo
chiamato proprio «sardegna», prodotto da case storiche come
la Visconti di Modrone appositamente per le richieste provenienti dal centro dell'isola. Dopo la crisi degli anni Settanta che

ha quasi portato all'abbandono dell'antica tradizione sartoriale sarda, oggi è considerato un ambito status symbol possedere un completo in velluto realizzato da questi mastri, il che non deve far pensare che sia diventato lo sfizio di pochi. Basta farsi una passeggiata per le vie di paesi come Orgosolo per rendersi conto di come sia del tutto normale che anche nei comuni capi da lavoro dei pastori che bevono nei bar al rientro dalla campagna prevalga il velluto, sebbene tagliato da mani meno prestigiose. Questo mercato ancora vivo è abbastanza in crescita da dar vita anche a corsi professionali per aspiranti sarti, voluti dai *maistos de pannos* già affermati.

Ben diversa è la parabola che rappresenta il declino della sartoria legata all'abbigliamento tradizionale femminile; quest'ultimo, se da un lato ci sta indubbiamente impiegando molto piú tempo ad essere dismesso rispetto a quello maschile, dall'altro non sembra avere nessuna chance di attraversare lo stesso fortunato passaggio di rinnovamento. Il motivo è piú di ordine culturale che pratico, sebbene quest'ultimo non sia affatto trascurabile, vista la complessità e il maggiore costo di realizzazione del costume femminile. È proprio l'impareggiabile preziosità e raffinatezza delle stoffe e dei ricami che ha reso l'abbigliamento tradizionale delle donne inadattabile alla vita in rapido mutamento degli anni del boom economico. Anche la natura sempre identica del costume si è rivelata immediatamente inconciliabile con le mutevoli suggestioni della moda commerciale, basata sul principio opposto del rinnovo stagionale. Non a caso i primi costumi a sparire sono stati proprio quelli piú ricchi, caratterizzati e complessi, diversi da paese a paese e ormai visibili solo nelle sfilate ad uso dei turisti, nei musei etnografici o indosso alle danzatrici dei gruppi di ballo sardo.

Il declino inglorioso dell'uso del costume femminile passa proprio per la distinzione tra la tradizione, che è quello che i popoli fanno per se stessi, e l'atto folkloristico, destinato alla fruizione degli stranieri. In questo senso qualcosa di tradizionale è ancora possibile vederlo solo indosso alle persone anziane all'uscita della messa, in certi paesi dell'interno, dove sono rimasti i costumi vedovili, piú scuri e di foggia lineare, sebbene comunque di stoffe e lavorazioni pregiatissime; spesso queste donne ne indossano solo alcune parti, abbinate a capi di abbigliamento piú moderni, indice di una progressiva dismissione.

Del caleidoscopio di colori originali resta un ricordo vivido solo nelle descrizioni di Lawrence, che documentò affascinato il passare delle donne in costume nel famoso brano della processione per le vie del paese di Tonara, in Barbagia:

> [...] poi veniva il cuneo brillante delle donne. Si accalcavano a due a due, l'una alle calcagna dell'altra, salmodiando meccanicamente quando arrivava il loro turno, tutte con il loro brillante, magnifico costume. Davanti c'erano le bambine, a due a due, subito dietro gli uomini alti nel bianco e nel nero da contadino. Bambine pudibonde e convenzionali, in vermiglio, bianco e verde, bambinette con gonne di stoffa scarlatta lunghe fino ai piedi, con una banda verde vicino all'orlo, con bianchi grembiuli bordati di verde brillante mescolato ad altri colori, con piccoli boleri scarlatti aperti, orlati di porpora, sopra le ampie camicie bianche; e fazzoletti neri avvolti sul piccolo mento, cosí da lasciare libere solo le labbra, il volto incorniciato di nero. Meravigliose bambinette, perfette e pudibonde nel rigido costume brillante, coi copricapo neri! Rigide come le principesse di Velasquez! [...] Le camicie bianche ampie sul davanti erano chiuse da grossi bottoni in filigrana d'oro, due sfere di filigrana unite, e le grandi maniche bianche sbuffavano dai boleri scarlatti, orlati di porpora e verde. [...] I costumi non erano tutti perfettamente uguali. Alcuni avevano piú verde, alcuni meno. In alcuni i boleri senza maniche erano di un rosso piú scuro, alcuni avevano grembiali piú modesti, senza le sfarzose fasce al fondo. E alcuni erano chiaramente vecchi, forse di trent'anni, ancora perfetti e ben tenuti, destinati alle domeniche e alle grandi feste. Questa varietà di toni intensificava la bellezza di quella schiera di donne arrancanti.

Se la sartoria tradizionale in ripresa ha ancora troppo pochi testimonial per generare un indotto economico significativo, quella moderna ne ha uno d'eccellenza in Antonio Marras, il geniale stilista algherese partito dalla gavetta della bottega sartoriale paterna per arrivare a dirigere nel 2003 la linea femminile della maison Kenzo. Il rilievo della figura di Marras per lo sviluppo dell'arte in Sardegna è analogo in tutto e per tutto a quello che ha il jazzista Paolo Fresu: non è per meri motivi campanilistici che essi rappresentano un fiore all'occhiello per l'isola, a prescindere dal riconoscimento internazionale dell'altissima qualità della loro proposta creativa. La ragione è invece fortemente simbolica, perché in un contesto di depressione economica (e per molto tempo anche culturale) qual è in linea di massima quello sardo, il sentire comune legge l'occasione del salto geografico «nel continente» come spunto ottimale di realizzazione individuale. A fronte di questa logica dell'abbandono del qui per l'altrove, entrambi gli artisti hanno fatto la scelta anomala di investire parte della loro notevole visibilità sul difficile territorio d'origine. Paolo Fresu lo ha fatto principalmente dando vita al Festival internazionale del Jazz a Berchidda; Antonio Marras dal canto suo, caso unico nel suo genere tra i numeri uno del *fashion business*, ha scelto di non risiedere in nessuna delle capitali della moda internazionale, ma di restare stabilmente con la sua famiglia nella natale Alghero, facendone la sede del suo suggestivo showroom. Quella dello stilista è

Figura 3.
Sfilata di Antonio Marras.

una scelta che potrebbe sembrare snobisticamente eccentrica, ma che ha collegamenti precisi con l'idea di contaminazione che costituisce la radice dichiarata della sua creatività. Indubbiamente le sue creazioni non sono alla portata delle tasche del viaggiatore medio in cerca di artigianato locale, ma il prestigio legato alla permanenza stabile dell'esposizione di Antonio Marras nel centro storico di Alghero ha contribuito non poco a trasformare la città costiera in un polo d'attrazione per i visitatori di tutto il mondo, facendone una meta anche nei periodi in cui il resto della Sardegna non è interessato dai flussi turistici dei vacanzieri.

Arresojas.

Il principale problema dell'artigianato, prescindendo dalla provenienza, è quello di essere scaduto nel tempo alla funzione di souvenir. Molti oggetti che un tempo erano di uso comune hanno perso oggi la loro funzionalità e sono rimasti in produzione ad esclusivo beneficio dei turisti con gusti etnici. In Sardegna la creazione di molta parte dell'artigianato è rimasta comunque attiva fino a pochi decenni fa, prima che l'industrializzazione di alcuni beni ne rendesse antieconomica la produzione a mano. Di quella vitalità sono rimaste solo le produzioni di altissima qualità, quelle il cui possesso non seriale è diventato espressione di status quo: è il caso della filigrana d'oro, dei ricami fatti a mano e delle cassapanche di foggia antica in legno di pero, oggetti prodotti prevalentemente su ordinazione, a titolo di sfizio lussuoso.

L'unica eccezione è quella del coltello tipico, l'*arresoja* o *resolza*, che essendo ancora il naturale prolungamento della mano dell'uomo di campagna, non ha avuto mai modo di diventare souvenir come molti altri oggetti. La storia dell'*arresoja* è una storia d'arte, di cultura e di lavoro, la stessa di pastori e contadini, che se ne servivano per i mille usi della vita all'aria aperta: dalla cura di un innesto delicato, all'intaglio di oggetti di legno nelle lunghe notti a guardia del bestiame. Persino in Campidano, dove la tradizione del coltello è sicuramente meno radicata che all'interno, la normalità dell'uso di una lama nelle operazioni più semplici traspare dal detto popolare: *cussu portat pani e arresoja a manu*, «costui ha in mano sia il pane che il coltello», che descrive lo stato di chi ha tutte le opportunità alla sua portata, e anche la facoltà di servirsene.

Il visitatore, invece, guarda con istintiva diffidenza all'abitudine di molti sardi, non solo nelle zone interne, di possedere una lama a serramanico, tale è la foggia dell'*arresoja*, perché le attribuisce erroneamente la funzione lesiva di un'arma da taglio. Ovviamente un'*arresoja* può essere anche questo, ma nella concezione dei sardi essa non è più arma di un coltello svizzero multiuso, sebbene le potenzialità offensive non siano affatto equiparabili. Per questo le vetrine che espongono lame artigianali sono presenti normalmente in qualunque centro commerciale e i principali fruitori di questa particolare forma di artigianato non sono i turisti, ma i sardi stessi, che attribuiscono all'*arresoja* un valore quasi feticista, al punto che non è infrequente vederne esemplari in miniatura usati come gingilli da appendere al portachiavi. Vedere un sardo con in mano un coltello per trastullo è comunque impossibile, visto che in nessun caso l'*arresoja* a dimensione naturale può venire ostentata senza che ve ne sia necessità oggettiva.

Al di là del gusto isolano per le lame da tasca, oggi la coltelleria sarda è soprattutto collezionismo e arte, con un mercato internazionale per appassionati che sfiora il milione e ottocentomila euro di fatturato all'anno, dando lavoro a una sessantina di persone altamente specializzate, che per la Sardegna non sono numeri piccoli. I coltellinai artigiani si trovano ancora in molti centri dell'isola, nonostante la spietata concorrenza d'oltremare, che negli anni passati ha quasi messo in ginocchio il settore immettendo sul mercato coltelli industriali di tipo sardo a prezzi dimezzati. Le lame d'acciaio delle *arresojas* odierne sono veri e propri gioielli e presentano frequentemente ricami e bulinature artistiche, mentre i manici di osso, di corno di montone o di legno d'olivo sono sempre opere uniche, talvolta di grande pregio.

Le lavorazioni piú rinomate (tanto da dare al tipo di coltello il nome del toponimo di produzione) sono quelle di Santulussurgiu, Arbus, Pattada e Guspini; quest'ultimo paese in particolare ospita negli anni pari la *Biennale del coltello sardo*, una mostra mercato che attira nei vecchi locali delle miniere di Montevecchio migliaia di collezionisti da ogni parte del mondo, ironicamente uniti dalla passione per un oggetto nato per recidere.

Isola delle storie.

Esistono anche altre produzioni di pregio che meriterebbero la tracciatura di percorsi appositi, alla ricerca del bello che ancora nasce, nascosto, dalla pazienza degli artigiani. La bellezza, che oggi è rarità da sfoggiare, per un tempo lungo ha costituito la norma nelle case della gente, una norma durata fino a oltre la metà del Novecento, come testimonia nel suo *Interludio di Sardegna* la scrittrice svedese Amelie Posse Brázdová, che tra le altre cose si occupò anche di mostre di artigianato locale a livello internazionale:

> Nel 1919 ho viaggiato per gran parte dell'Italia raccogliendo campioni di arte e artigianato popolare per una mostra a Stoccolma. Anche se alla fin fine ci rifilarono un sacco di robaccia inutile, rimasi piacevolmente colpita da quante belle cose si producessero ancora: bene, posso dire con certezza che da nessuna parte trovai niente che si avvicinasse minimamente, per vitalità e originalità, ai lavori che avevo visto in Sardegna tre anni prima. Senza dubbio una ragione di ciò risiede nel fatto che la vita in Sardegna è ancora cosí arcaica. Dappertutto ho potuto constatare che regolarmente l'arte popolare originale muore con la scomparsa dell'analfabetismo. I due fenomeni sono cosí strettamente correlati che bisogna esser ciechi per non vedere il legame che c'è tra di loro.

Nonostante l'impressione della Posse, è tutt'altro che ovvia l'esistenza di un rapporto inversamente proporzionale tra artigianato e alfabetizzazione, quasi che quest'ultima avesse il potere di uccidere la capacità della gente semplice di pensare in bellezza e realizzarla. La lenta morte dell'artigianato è legata piuttosto alla progressiva modernizzazione delle produzioni che ha interessato in misura diversa tutti i contesti sociali, compresi quelli dove il progresso tecnico è giunto tardivo, come nelle economie prevalentemente agropastorali. Ma se pure per assurdo avesse ragione la scrittrice svedese, e la scolarizzazione fosse veramente colpevole di aver decretato la morte dell'arte popolare, le resterebbe comunque il prezioso merito di aver regalato ai sardi il mezzo per dar voce duratura alla miriade di storie che sull'isola, per secoli, erano sopravvissute con la sola arma del racconto orale e della sua memoria, con il risultato che da quando i sardi hanno imparato a scrivere, non hanno mai smesso di farlo. Imparare a leggere non ha avuto purtroppo lo stesso felice risultato, dato che la media di consumo di libri in Sardegna – appena il 20,8 per cento dichiara di leggere libri ogni anno – è la metà di quella nazionale, già ingloriosamente bassa rispetto al resto d'Europa. Ci si consola almeno in parte con un trend di lettori in crescita e con una produzione editoriale decisamente prolifica, che negli ultimi anni ha esportato successi anche oltre i confini italiani, con nomi come Marcello Fois, Salvatore Niffoi, Milena Agus, Giulio Angioni, Giorgio Todde e molti altri, tra cui il giovane Nicola Lecca, che a trent'anni vanta già l'inserimento nella prestigiosa biblioteca del Nobel.

Il numero di scrittori sardi viventi, pubblicati nella sola categoria del romanzo, è talmente elevato che calcolandone l'incidenza sulla bassa densità demografica della popolazione si ottiene un rapporto di uno ogni settemila abitanti: praticamente quasi ogni paese ha il suo scrittore. È come se la Sardegna avesse fatto per secoli silenzio di sé e ora, attraverso il coro molteplice delle sue diversissime voci, non vedesse l'ora di raccontarsi al mondo.

Nessuna arte, sull'isola, è popolare e trasversale alle generazioni quanto quella di raccontare storie, al punto da avere dato vita a veri e propri generi letterari locali, come «sos contos de fuchile», i racconti del focolare, o «sos contos de jannile», i racconti della soglia di casa, perché ciò che conta veramente sono il tempo e il luogo in cui ci si raccoglie per narrare e udire il racconto, piú del contenuto stesso della narrazione.

Il momento rituale del racconto orale è stato per secoli l'unica storia, l'unica letteratura e, forse, la sola forma di memoria collettiva possibile per i sardi. Ecco perché quello che oggi viene considerato un fenomeno letterario non è che la punta visibile di un iceberg fatto di storie, che trovano il loro principale luogo di incontro in un nuovo focolare, il festival internazionale di Gavoi, non a caso chiamato proprio *Isola delle Storie*. Da diversi anni ormai, tra la fine di giugno e l'inizio di luglio, per volontà di un gruppo di scrittori e con il coinvolgimento di tutta la popolazione locale, il piccolo paese della Barbagia diventa la capitale di una nazione invisibile che dà cittadinanza ai racconti, alle immagini e alle musiche provenienti dall'isola e dal mondo, in un clima cosí familiare da essere capace di trasformare ogni piazzetta in un salotto e ogni via lastricata di pietra in un percorso con sorpresa. La sorpresa è l'intuizione comunicativa di apporre lungo i muri di granito del piccolo centro, tra le finestre di ferro battuto e i portali antichi in legno, decine di grandi foto con i volti degli scrittori intervenuti nelle edizioni precedenti del festival, scattate volutamente dentro case private del paese di Gavoi, tra i mobili antichi di chi ha aperto per un giorno la propria casa al narratore. Non c'è piú il focolare come tempio del raccontare, ma questo strano catalogo, simbolico e itinerante, è capace piú di ogni altro evento di rivelare il legame tra l'isola e la quotidianità dell'arte della narrazione, ottenendo l'effetto di rendere presenti gli assenti e integrandoli silenziosamente al paesaggio, proprio nei suoi scorci piú familiari: nelle case gavoesi, come comuni parti del mobilio, e lungo le vie, passanti casuali o compagni di viaggio di chiunque risalga sui lastricati del paese abbarbicato al monte. Il racconto sembra tornato ad essere memoria, la memoria comunità e la comunità accoglienza, perché anche quella sull'isola è una forma d'arte.

4.

Confine

Coste, salvacoste e miniere

Province del Medio Campidano e di Carbonia-Iglesias,
regioni storiche del Campidano e del Sulcis-Iglesiente,
comuni di Guspini, di Arbus e di Buggerru.

Provincia di Oristano,
regione storica del Campidano di Oristano,
comune di Cabras.

Provincia di Oristano,
regione storica della Planargia,
comune di Bosa.

Infine scendiamo verso il mare. In Sardegna si sente sempre, a cento e cento chilometri dalle coste, che splende nell'aria da ogni lato. È una vera isola la Sardegna, dentro il suo splendore e le sue tempeste. E di qualcosa di salmastro odora anche su a mille metri.

Elio Vittorini, *Sardegna come un'infanzia*.

Avere milleottocento chilometri di coste incantevoli, tutte diverse, può essere una fortuna molto meno invidiabile di quanto non sembri a prima vista alle migliaia di turisti incantati che vengono ogni anno in vacanza in Sardegna. Lungo i secoli i sardi sono diventati piuttosto consapevoli del fatto che il mare possa portare cose peggiori di turisti in bermuda e pesce fresco, e i piú anziani conservano spesso nei suoi riguardi una sana diffidenza, al punto che anche nei paesi costieri è molto frequente trovare persone che si vantano di non aver mai imparato a nuotare.

Questa diffidenza non stupisce se si considera che le coste sarde hanno avuto, nel corso dei secoli, soprattutto la funzione di porte aperte a invasori provenienti da ogni direzione. Erano talmente frequentate che ancora oggi si possono rimirare le conseguenze stratificate di quei transiti nei ben conservati resti archeologici delle città costiere di Tharros, Nora e Monte Sirai, tutte distrutte o vessate fino all'abbandono in seguito alle troppe scorrerie provenienti dal mare.

Proprio la conformazione geomorfologica della costa ha però fatto sí che, nei secoli, la Sardegna si sia rivelata ai vari invasori come un gioiello dal furto solo apparentemente semplice, tanto agile da conquistare quanto impossibile da difendere una volta occupata, nonostante i coscienziosi tentativi fatti in merito, come testimoniano le numerose torri di avvistamento spagnole disposte lungo tutto il perimetro costiero. Che fossero di fenici, cartaginesi, romani, pisani, genovesi, aragonesi, spagnoli o

piemontesi, tutte le dominazioni che si sono succedute sull'isola hanno dovuto fare i conti con il variegato profilo della costa
sarda che, escluse poche eccezioni, è prevalentemente costella-
to di spiagge sabbiose e porti naturali. Ogni volta che una nuova potenza si stabiliva sull'isola, era costretta a impegnare la
maggior parte delle risorse per difendersi su un doppio fronte.
Da un lato c'era infatti la minaccia di attacchi continui provenienti dal mare, dall'altro la tenace resistenza della poco socie-
vole popolazione locale, raramente in dubbio se venire a patti
con lo straniero o rintanarsi nell'entroterra, su un territorio talmente impervio che nemmeno la scientifica invasione romana
riuscí mai a penetrarvi come avrebbe voluto. Probabilmente è
per questo che non c'è stato storico dell'Impero che abbia per-

Figura 4.
Capo Caccia.

so la sua occasione per scrivere male della Sardegna, ogni volta che ha potuto, come forma di vendetta letteraria.

Il concetto del mare come minaccia è talmente radicato che i sardi, nonostante alcune recenti scoperte archeologiche lascino vagheggiare un antico passato marinaro, da un certo punto della loro storia in poi smisero anche solo di prendere in considerazione la possibilità di divenire un popolo di navigatori, cosa abbastanza insolita per un'isola; ma in un mare tanto movimentato come il Mediterraneo, ad arrivare ci pensavano gli altri.

I detti popolari spesso spiegano meglio di mille indagini antropologiche la circospezione delle popolazioni costiere verso il mare; molto chiaro in merito è lo strano modo di dire utilizzato nei paesi della costa del Sinis, comunità originate in gran parte proprio dallo spopolamento violento dell'antica città fenicio-punica di Tharros; mentre altrove è uso liquidare le persone che si fanno pregare dicendo appunto che «a pregare si va in chiesa», nel paese di Cabras si dice curiosamente *a pregai a mari*, cioè che a pregare si va al mare. L'espressione richiama molte immagini diverse, tutte evocative di situazioni di pericolo, e tutte ugualmente suggestive: la donna sulla riva che aspetta il ritorno del suo compagno uscito con l'illusione di una bonaccia duratura, l'uomo che sulla barca invoca perché la notte non gli porti nella rete solo acqua e alghe, la sentinella sulla torre che mormora alla vista dell'orizzonte incrostato di navi straniere, e forse anche l'ultimo pensiero lucido di chi tra le onde chiede di avere salva la vita. Tutte queste situazioni, oltre a suscitare comprensibili invocazioni ai numi, sottintendono il mare come la più pericolosa tra le ricchezze sarde.

Forse non è del tutto falso, anche se oggi gli abbordaggi alle coste, esclusi quelli dei disperati clandestini extracomunitari che usano la Sardegna come ascensore per l'Europa, sono quasi esclusivamente quelli dei turisti, il cui flusso ininterrotto nel periodo estivo arriva a raddoppiare la popolazione dell'isola. Per scegliere in quale angolo di mare andare a curiosare o a riposarsi si possono seguire molti criteri, perché i quasi duemila chilometri di

costa offrono veramente l'imbarazzo della scelta. La differenza
quindi non è il mare a farla, dato che in Sardegna è bello ovunque: piuttosto è l'entroterra a costituire fattore determinante di
scelta, con i suoi servizi, le sue infrastrutture e la sua capacità
recettiva. Per non avere delusioni cocenti, piú che il tipo di mare che si vuole vedere diventa quindi importante capire che tipo di visitatore si è.

Va detto, a scanso di equivoci, che è utopistico aspettarsi la
spiaggia deserta in agosto se ci si appoggia a un resort di lusso
o a un villaggio turistico della Gallura costiera. Il suo pur bel-
lissimo mare non può prescindere dall'invadenza abbondante
di strutture vacanziere nate con le speculazioni edilizie dei decenni scorsi. Si è trattato di scelte amministrative locali che hanno dato luogo a quelli che possono essere considerati, a seconda dei punti di vista, come i piú esclusivi luoghi di vacanza italiani o come le piú lesive ferite inferte a un ambiente selvaggio
di straordinaria perfezione. Ma è difficile anche per l'occhio piú
incantato ignorare l'invadente presenza dei villaggi turistici in
stile finto sardo, dei quali nemmeno il rigoglio della macchia
mediterranea riesce a nascondere l'effetto da parco disneyano;
questo senza nulla togliere all'incantevole irregolarità della costa gallurese e allo smeraldo puro del suo mare incistato di iso-
le a grappoli, dove il frastagliamento geologico ha generato una
successione stupefacente di calette, anfratti e piccoli fiordi.

Se in estate ogni angolo di mar di Gallura ha il suo padrone
munito di barca, visitandola in primavera, oltre a beneficiare
del volto piú verde e gentile di una terra altrimenti fatta soprattutto di roccia, si può constatare lo straniante abbandono da
day after tipico di molte zone costiere di villeggiatura: è inquietante Porto Cervo deserta, sferzata dal maestrale, ma non lo è
di meno Porto Rotondo, con le imposte sprangate delle sue villette spagnoleggianti, la piazzetta vuota e ovunque un silenzio
irreale che sembra in qualche maniera prendersi la sua rivinci-
ta sul chiasso estivo di veline e vip. Chi ha visto questo spettacolo, a suo modo anche suggestivo, apprezza doppiamente il
modello di sviluppo rappresentato dalla città costiera di Alghe-

ro, il cui fascino attrattivo esteso ai dodici mesi dell'anno è basato su principî completamente opposti e rappresenta già una credibile alternativa per i sindaci tentati di cedere alle sirene delle speculazioni edilizie sul mare.

Naturalmente accanto al modello del presepe di cartapesta rappresentato dalla Costa Smeralda c'è anche un turismo diverso, colto e attento, che sta riorientando il suo interesse verso i parchi, le oasi protette e le molte parti di costa sarda rimaste praticamente selvagge; ma il rischio è che nessun turismo sia pronto a fare i conti con un mondo davvero intatto, privo delle comodità che nella vacanza media occidentale sono state assunte stabilmente come standard minimi di accoglienza. Sono le parole dello scrittore Marcello Fois a rivelare con lucida amarezza la delusione del turista che si aspetta seriamente di veder coniugato il miracolo della natura vergine con i comfort a cui è abituato:

> Ho condotto eserciti di amici continentali in giro per spiagge per mettergli a disposizione quanto di meglio possedessi. E mi aspettavo sguardi incantati, ma anche quegli sguardi erano solo parti in commedia. Dopo la roccia cercavano il resort, e alla spiaggia gli stabilimenti, e un chiosco decente in riva al mare.

Si tratta di fattori che muovono tanti soldi, ed è proprio dal peso economico della domanda turistica proveniente dall'esterno che derivano le diverse sfumature della comprensione del bene «costa» anche tra i sardi, sfumature che sono fondamentali, non solo per capire da turisti in quale Sardegna si vuole andare a trascorrere del tempo, ma soprattutto perché senza afferrarle non si può comprendere appieno nemmeno la Sardegna di oggi; attorno alle possibili scelte nella gestione del territorio costiero ruota infatti una serie di conseguenze che ha e avrà una ricaduta sociale, economica e culturale senza precedenti per l'isola, sprovvista al momento di altri settori dell'economia che possano considerarsi in via di sviluppo altrettanto significativo. Tutto si gioca sulla dialettica tra la necessaria espansione del settore turistico e la preservazione delle risorse naturali; da un lato il turismo per molti è la nuova industria, una industria che si suppone «leggera» rispetto al tentativo degli anni Sessanta, che in Sardegna ha lasciato i cadaveri di diversi ecomostri e decine di operai cassintegrati nelle fabbriche ormai ferme.

Per chi intuisce le potenzialità date dallo sviluppo edilizio, le coste sono le nuove miniere da cui estrarre metri cubi di abitabilità di lusso, da vendere a chiunque se la possa permettere. L'attrattiva è oggettiva, e viene da un giro d'affari di milioni di euro nelle casse dei comuni costieri, oltre che da centinaia di posti di lavoro innegabilmente nati da un settore edile in vorace espansione e, non ultimo, dal miraggio della futura occupazione che si suppone debba venire ai giovani sardi dal turismo estivo sorto intorno all'industria vacanziera.

Per i detrattori di questo modello di crescita la parola magica è invece «sviluppo sostenibile», ottenuto con una serie di limiti, soprattutto edilizi, che mirino a lasciare il patrimonio ambientale il piú intatto possibile, o quantomeno a trovare un equilibrio tra il suo sfruttamento e la preservazione della sua integrità per le future generazioni, anche se questo dovesse comportare il costo di una riduzione dei profitti nel breve periodo.

In questo scontro economico e ideologico ha avuto un ruolo fondamentale proprio la visione di sviluppo territoriale che si è affermata di recente con l'approvazione delle nuove norme di tutela conosciute con il nome di *Decreto salvacoste*, fondato sul rifiuto dell'idea che la preservazione dell'ambiente debba comportare necessariamente una proporzionale perdita economica. Il provvedimento è stato osteggiatissimo, perché contiene il divieto di realizzare qualunque tipo di nuova costruzione entro la fascia protetta di due chilometri dal mare, contro i 300 metri del limite precedente; questa restrizione viene considerata economicamente troppo castrante dalla maggior parte dei sindaci dei comuni costieri, che con la sua approvazione hanno visto non solo stabilire la piú forte tutela costiera mai esistita sull'isola, ma soprattutto mettere in discussione l'idea di potersi considerare, in quanto amministratori locali, gestori assoluti e insindacabili del proprio territorio. La legge salvacoste pone infatti, per la prima volta concretamente, la questione dell'interesse comune sulle coste, che non appartengono in forma indiscutibile solo ai comuni in cui ricadono, ma per il loro ruolo strategico sono un bene di tutta l'isola e di tutti i sardi di oggi e di domani. Che alla base di questo orientamento ci siano soprattutto considerazioni di carattere squisitamente economico, è evidenziato molto bene da Bachisio Bandinu, uno degli intellettuali sardi piú autorevoli. In *Il quinto moro*, il saggio critico scritto a quattro mani con Salvatore Cubeddu, viene riconosciuto chiaramente che queste decisioni politiche, prima che da una percezione ideologica e sentimentale del territorio come bene utopisticamente intangibile, nascono da una visione di sviluppo piú ampia e complessa di quella legata alla tradizionale edilizia costiera, edilizia che ha il suo massimo livello di espressione nella Costa Smeralda e nei comuni sotto l'influsso del suo indotto:

> Il modello da rifiutare è proprio quello di «tipo immobiliare, spesso in completa assenza di un progetto turistico in senso stretto e poco interessato alla gestione attenta delle tendenze di lungo periodo dei flussi turistici». Queste tendenze di lungo periodo sono in realtà abbastanza prossime e «se le risorse naturali di alta qualità diventano sempre piú scarse sui mercati internazionali, esiste un motivo in piú dal lato dell'offerta per ipotizzare che il loro valore economico cresca rapidamente». E conclude: «è una illusione credere di poter aumentare il profitto semplicemente elevando il grado di sfruttamento delle risorse». La rivoluzione è totale: non si tratta di creare industrie e turismo cercando di ridurre al minimo i danni di impatto ambientale. Si opera un rovesciamento: la consapevolezza del bene ambientale è la risorsa fondamentale dello sviluppo economico.

In considerazione di questo panorama, scegliere una meta costiera in Sardegna significa, oggi come forse mai in passato, indicare un modello preferenziale, prendere una posizione che non può considerarsi in nessun modo neutra rispetto alla costituzione del tipo di sviluppo turistico che si affermerà come dominante sull'isola negli anni a venire. In questa prospettiva non c'è nulla di neutrale neanche nell'affermare che il luogo veramente alternativo dove giocare le carte del futuro sviluppo è costituito dal versante occidentale, il lungo tratto di costa sarda ancora quasi del tutto vergine che parte dall'isola di San Pietro e arriva fino alla cittadina di Bosa; si tratta di un percorso piuttosto avventuroso, dove si alternano con armonia stupefacente oasi faunistiche e miniere abbandonate, spiagge candide e scogliere a picco sul mare, zone umide di grande interesse naturalistico e dune di sabbia dorata tra le più grandi d'Europa, il tutto senza che l'urbanizzazione selvaggia sia ancora giunta a modificare irreversibilmente il volto della costa. Il principale motivo di questo miracolo è un oggettivo difetto infrastrutturale, che rende il lato ovest della Sardegna meno raggiungibile, non solo turisticamente: sono infatti gravemente deficitarie le vie di collegamento, anche quelle per gli essenziali spostamenti verso le altre parti dell'isola: il treno non passa mai vicino al mare, su tutto il fianco occidentale non ci sono porti né aeroporti per passeggeri e su alcuni tratti anche le strade sono poche, talvolta malconce e spesso segnalate in modo approssimativo: arrivarci con l'auto è difficoltoso, senza l'auto addirittura impossibile, ma se si è fortemente motivati, resta un percorso dagli scenari mozzafiato, senza confronti non solo nell'isola stessa, ma in tutta l'area del Mediterraneo.

La Costa Verde.

Partendo da sud la meta irrinunciabile è la Costa Verde, così chiamata per la nota cromatica dominante data dalla lussureggiante vegetazione spontanea che arriva fino alla spiaggia, mischiando i suoi aromi con quelli salmastri provenienti dal mare.

Quello che rende questo posto assolutamente altro rispetto al resto dell'isola è la combinazione tra una natura praticamente vergine e l'esistenza di uno dei complessi di archeologia industriale più belli e meglio conservati d'Europa: le miniere del Sulcis Iglesiente, in gran parte dichiarate patrimonio dell'Unesco. La ricchezza mineraria della Sardegna non era più una novità già dai tempi dei fenici, ma è tra l'Ottocento e i primi del Novecento che l'attività estrattiva sull'isola acquista importanza internazionale, con una produttività talmente alta da costituire negli anni Trenta il 10 per cento della produzione mondiale di piombo e zinco.

Il complesso minerario maggiore è quello dei cantieri di Levante e di Ponente a Montevecchio, nei comuni di Guspini e Arbus, la cui attività è cessata del tutto appena negli anni Ottanta: attualmente le sue miniere e la natura che le circonda sono diventate un parco geominerario di straordinario interesse storico, e i restauri attenti lo stanno lentamente trasformando in un fulcro di attrazione dalle grandi potenzialità. Visitarlo è un'esperienza non paragonabile. Niente è infatti simile alla visione delle case dei minatori praticamente intatte a Piccalinna e a Sant'Antonio, degli strumenti di lavoro, dei macchinari a cielo aperto (tra cui il pozzo e la sala argani, veri gioielli di tecnologia per l'epoca), delle ville liberty degli amministratori, degli ampi spazi coperti delle officine metallurgiche, dei carrelli pieni di pietre, dei pozzi e delle gallerie dove centinaia di uomini, donne e persino bambini hanno lavorato, vissuto e talvolta hanno perso la vita, il tutto a picco sul mare o incastonato tra i monti coperti dal verde, in un silenzio irreale che a stento permette di immaginare l'attività da formicaio che doveva animare un impianto di quella dimensione. Montevecchio oggi è una meta tanto affascinante quanto malinconica; neanche la magia della natura incontaminata che lo circonda riesce infatti a togliere la sensazione di visitare un mondo fantasma, dove macchinari e illusioni hanno realizzato insieme lo stesso destino di ruggine, e dove il pegno umano pagato al miraggio dello sviluppo industriale sembra, col senno di poi, del tutto sproporzionato.

Vittorini, in visita ad Iglesias, descrive le miniere come qualcosa di molto simile a un girone infernale, e se stesso nell'atteggiamento dantesco di sfiorare con lo sguardo i dannati, con il silenzio di un testimone attonito:

> Ma ad Iglesias dove i sardi lavorano nelle miniere non ho visto piú gioia, né ruminio. Ho visto il nulla della fatica quotidiana. Fatica che serve a un tozzo di pane e un tozzo di pane che serve alla fatica. Come di schiavi in una cava cartaginese. Visitando la fonderia era con tetra dispe-

razione che diavoli nudi sino alla cintola rimescolavano dentro i caldero-
ni del piombo liquido. Uno ha sollevato su di noi il suo cucchiaione col-
mo di una gelatina rovente e per un attimo ho sentito passare nell'aria
tutta la sua voglia d'inferno di farlo frullare e inzaccherarcene la faccia.
Abbiamo visitato anche un pozzo. Discendendo, le gallerie traversate in
corsa ci sparavano in testa. E al fondo scorreva un'acqua impetuosa. Abbiamo girato con quei lucignoli portati a braccio teso, nell'acre notte dei
sotterranei. Sottili travi nelle coltivazioni sostengono le volte. Un misterioso carrello, sospinto dall'al di là, rotola su binario. E a tratti s'ode un
calpestio furibondo, come d'un cavallo sepolto vivo.

Sono in pochi a sapere che proprio nelle vicine miniere del
comune di Buggerru nel 1904 si verificò la prima rivolta sinda-
cale del mondo industriale, conclusasi con l'eccidio di tre minatori che protestavano per le disumane condizioni di lavoro
imposte dalla società mineraria francese Malfidano. Le imprese che operavano in questa zona erano infatti straniere piú che
italiane: industriali francesi, belgi e inglesi investirono i loro ca-

Figura 5.
Miniere di Montevecchio.

pitali sulle risorse minerarie del Sulcis; è il caso del nobile inglese Lord Brassey. Ma la ricchezza sotterranea dei monti sardi ebbe eco tale in quegli anni da attrarre anche avventurieri e piccoli imprenditori in cerca di fortuna; tra essi anche Honoré de Balzac, che cercò di rimediare a un difficile momento economico andando alla ricerca dell'argento proprio a nord della costa occidentale sarda. Henry Hoover, prima di diventare Presidente degli Stati Uniti, fu preso dalla corsa al rame incastonato nelle miniere del nuorese. Anche la famiglia Modigliani soggiornò nel comune di Buggerru negli anni di maggior sviluppo dell'attività estrattiva, sfruttando concessioni offerte da Cavour a diverse ricche famiglie con cui aveva obbligazioni. In quella tenuta il giovane Amedeo dipinse il notissimo ritratto di Medea Taci.

Le tracce dei villaggi minerari segnano la costa in modo veramente mirabile: quello di Pranu Sartu nel comune di Buggerru si affaccia esattamente a picco sul mare in un itinerario di 900 metri recentemente recuperato, seguendo il quale un trenino turistico ripercorrerà la strada dei minerali, affacciandosi in virate mozzafiato sullo strapiombo a mare.

La fortuna delle spiagge della Costa Verde ha avuto una parabola inversa a quelle delle miniere: fintanto che l'attività estrattiva ha avuto corso, questi litorali non rivestivano alcun interesse che non fosse legato al trasporto via mare del minerale, restando per questo praticamente intatti. Il loro valore era talmente sottovalutato che sulla splendida spiaggia di Piscinas sorse addirittura una colonia penale. Solo con la cessazione dello sfruttamento minerario ci si è effettivamente resi conto di avere in mano gioielli di straordinaria bellezza naturalistica. Tra tutte le spiagge fruibili della Costa Verde la piú rappresentativa è proprio Piscinas, un litorale perfetto costituito da tre chilometri di sabbia dorata che si estendono nell'entroterra per un altro chilometro, con la sola costruzione di un vecchio deposito della ferrovia mineraria, ora trasformato in un albergo esclusivo. La particolarità di Piscinas sono le sue dune, le piú alte d'Europa, che raggiungono anche cento metri di altezza e si muovono di continuo, modellate dal maestrale che soffia dal mare in tutte le stagioni. Il fenomeno desertico di Piscinas è uno spettacolo unico in Italia, e con i suoi tremila ettari offre un habitat favorevole a molte rare specie vegetali spontanee, oltre che al cervo sardo, che ha ripopolato questo lato della costa dopo un periodo in cui lo si considerava quasi estinto. Il mare è limpidissimo e profondo, decisamente pericoloso. Il motivo per cui Piscinas, anch'essa patrimonio dell'umanità per l'Unesco, è ancora oggi esclusa dagli itinerari noti ai turisti è il fatto che gli ultimi sette chilometri di strada per raggiungerla non sono asfaltati e in alcune stagioni presentano persino l'occorrenza di un guado, dovuto alla vicinanza del capriccioso Rio Naracauli.

Il Sinis e la sua Area Marina Protetta.

Risalendo verso nord fino alla chiusura superiore del golfo di Oristano, la meta da non saltare è l'Area Marina Protetta del Sinis e isola di Mal di Ventre, una zona ad alta tutela collocata all'interno del territorio comunale di Cabras, un popoloso paese che vanta da solo ben trentacinque chilometri di arenili di quarzite alternati a scogliere candide, oasi faunistiche, estese zone umide e siti di grande interesse archeologico.

Quella del Sinis è una costa molto meno selvaggia e assai piú collegata di quella del Sulcis, ma i segni della presenza dell'uomo sono abbastanza discreti da offrire comunque lo spettacolo di spiagge intatte. Tra le molte facilmente raggiungibili in auto, le piú suggestive sono quelle di Is Arutas e di Mari Ermi, il cui arenile è costituito da grani di quarzo candido, comunemente paragonati ai chicchi di riso, che hanno la caratteristica di restare freddi anche sotto il sole torrido dell'estate sarda. Queste particolari sabbie, uniche in tutta l'isola, si sono formate dall'erosione millenaria dei massicci quarziferi della vicina isola di Mal di Ventre; questo le configura come paleospiagge, veri e propri reperti geologici non ripetibili, motivo per cui la tenta-

zione di portarsi via un pugno di sabbia di quarzo come souvenir per l'acquario, fino a pochi anni fa un rituale irrinunciabile
per il visitatore medio, può oggi giustamente costare molto ca-
ra. Questa e altre restrizioni emanate a difesa di Is Arutas e Mari Ermi sono dovute anche al fatto che negli anni Settanta queste spiagge, come diverse altre, furono letteralmente depreda-
te con i camion dalla loro splendida sabbia, considerata molto
adatta a compensare la prevalenza rocciosa di altre coste sarde,
dove allora erano in via di costruzione le piscine dei villaggi turistici, specie in Costa Smeralda. Su questi arenili, molto lunghi ma poco estesi nell'entroterra, le uniche costruzioni sono i
chioschi di legno dei bar e qualche rara capanna di giunco so-
pravvissuta alle intemperie.

A nord di Mari Ermi, lungo una strada sterrata il cui stato
precario è dovuto al fatto che per la maggior parte dell'anno
viene percorsa solo da mezzi agricoli diretti ai campi limitrofi,
improvvisamente il paesaggio cambia e dalla spiaggia si innalza
senza gradualità un complesso calcareo lungo due chilometri e
alto in alcuni punti anche trenta metri: sono le falesie di Su Tin-
giosu, un prodigio geologico sorto tra i dieci e i venti milioni di
anni fa, nido di diverse specie di uccelli marini. Dalla sua sommità si domina il mar di Sardegna e si gode la vista dell'isola di
Mal di Ventre, circondati dal rigoglio dei cespugli spontanei di
rosmarino ed elicriso; i due arbusti crescono simbiotici creando cespugli intrecciati molto fitti, simili a cuscini aromatici, grazie ai quali scegliere questo percorso nelle prime ore del mattino o al tramonto regala, oltre alla vista mozzafiato, sensazioni
olfattive assolutamente uniche.

L'itinerario più affascinante e panoramico di tutta la costa
del Sinis è però quello che, partendo dalla grande torre aragonese che domina il piccolo insediamento di San Giovanni, percorre l'intero perimetro di Capo San Marco, la penisola a goccia che chiude a nord il golfo di Oristano. Il percorso, fattibile
solo a piedi, dura circa due ore e comincia attraversando la sottile lingua di sabbia che collega il promontorio alla terra ferma.
In quel punto preciso il mare si trova, miracolosamente, sia a

destra che a sinistra di chi osserva, offrendo spesso lo spettacolo di un panorama schizofrenico, agitato da alte onde su un lato e calmissimo dall'altro; camminando lentamente si può go-
dere a 360 gradi di incredibili scorci di mare cristallino, calette nascoste di sabbia sottile, rifugi di tartarughe e lepri
selvatiche nella macchia mediterranea, l'incedere diffidente di
un gruppo residenziale di capre al pascolo, la suggestione del
grande faro all'estremo del promontorio e la visione dall'alto
delle rovine archeologiche di Tharros, la città fenicio-punica la
cui reale estensione ancora non è nota. Spingendo lo sguardo
verso la terraferma ci si rende conto che questo territorio è completamente intessuto di specchi d'acqua anche nell'entroterra,
generando di fatto l'esistenza di una costa interna non marina,
sulle cui rive nidificano fenicotteri e decine di altre specie or-
nitologiche rare, un paradiso per gli amanti del bird watching,
che vengono qui ogni anno nella stagione primaverile ad osservare il ritorno delle specie migratorie.

Ma se arrivare nel Sinis non è difficile, più complicato è re-
starci: a causa delle forti restrizioni a tutela delle coste, che in
questa zona sono di vecchia data, è rara la presenza di strutture recettive tradizionali come gli alberghi, mentre le forme di
accoglienza più familiari dell'agriturismo e del bed and breakfast sono diffusissime. La costa del Sinis infatti era sottoposta
a severi vincoli paesaggistici molto prima che venisse approva-
to il *Decreto salvacoste* soriano, e questo ha spinto gli operatori
e gli amministratori a orientare lo sviluppo turistico servendo-
si di molte costruzioni già esistenti, il che sicuramente è anda-
to a beneficio, se non del numero dei posti letto a disposizione,
quantomeno dell'integrità del paesaggio.

Le coste della Planargia.

Percorrere la litoranea che separa Cabras da Alghero è molto più che un semplice spostamento: è una meta in sé. La lunga strada è un immenso belvedere lungo sessanta chilometri,

che si dipana sospeso equamente tra le basse montagne del Montiferru e la costa a picco sul mare. Conviene fare il pieno prima, perché dalla cittadina di Cuglieri in poi per decine di chilometri non si incontra assolutamente niente che non sia il verde della macchia, il blu lucente del mare, il rosso ferroso delle rocce basaltiche e il bianco delle greggi che mai come in questa zona sembrano costituire un motivo ossessivo nel paesaggio. La sensazione di essere rimasti soli sulla faccia della terra è infranta solo con l'arrivo a Bosa, che rassicura e incanta con la suggestiva policromia delle facciate colorate delle piccole case verticali del centro storico, abbarbicate con una stanza per piano alle pendici dell'antico castello dei Malaspina. Bosa e le marine vicine sono organizzate in maniera decisamente piú moderna rispetto a quelle piú a sud, sia perché per motivi storici la cittadina di Bosa è sempre stata un centro rilevante di traffici e scambi, sia perché la vicinanza con Alghero e il suo aeroporto determina un flusso turistico costante che alimenta un settore rilevante dell'economia locale da molti piú anni che altrove. Questo non ha leso però la perfezione di un ecosistema ancora sano, che nel raggio di pochi chilometri offre la possibilità di ammirare tutti i paesaggi sardi nella loro integrità, da quello marino a quello costiero, da quello montano a quello fluviale; quest'ultimo è determinato dalla presenza del fiume Temo, l'unico corso d'acqua navigabile della Sardegna, che attraversa la cittadina dandogli un fascino tutto particolare: pescatori alle sue rive e canottieri in allenamento sono uno spettacolo assolutamente normale lungo le piccole vie lastricate e le scalinate di Bosa.

Nonostante la maggiore presenza di infrastrutture, nel bosano l'industria del turismo resta comunque recente e non sufficientemente integrata da altri settori produttivi, e da sola non può risolvere il drammatico problema occupazionale della Planargia; prova ne sia che la crescente vitalità turistica non ha affatto invertito il calo demografico che ha dimezzato la popolazione residente nell'arco degli ultimi otto decenni. Il motivo principale è la depressione economica dovuta alla crisi del sistema agropastorale, alla quale non ha fatto da contrappeso un altrettanto rapido sviluppo del settore turistico. Tra le altre cause, tutt'altro che irrilevante è il forte accentramento dell'offerta universitaria su Cagliari e Sassari: i giovani si spostano nelle città per ragioni di studio e vi rimangono poi stabilmente per le maggiori e piú adeguate opportunità di impiego: non esiste alcun flusso di ritorno ai centri di origine da parte dei laureati in ambiti diversi dalle discipline strettamente legate al turismo, e questo sembra dare ragione a chi non vuole puntare ogni pianificazione di investimento sulla sola industria delle vacanze. Il modello di sviluppo meno ingannevole è quello che sostiene tutti i settori produttivi, perché i frutti sterili della monocultura si sono visti già nel passato, quando la Sardegna abbagliata dal miraggio dell'industrializzazione ha investito tutte le sue risorse in una sola folle puntata. Sarebbe altrettanto miope supporre che il turismo da solo possa rispondere alle esigenze di occupazione e sviluppo dell'isola, che ha risorse altrettanto grandi nell'agricoltura e nella pastorizia; quest'ultima rappresenta ancora un settore portante dell'economia sarda, ma anche la produzione culturale e tecnologica sono settori in forte crescita, da integrare in un modello di sviluppo armonioso che tenga conto di tutte le potenzialità.

Se i piccoli paesi della Planargia rischiano l'estinzione da parte della popolazione locale, potrebbe paradossalmente fare da contrappeso, almeno in parte, il forte interesse straniero che si è sviluppato negli ultimi anni intorno al mercato immobiliare locale, sul modello di quello che nei decenni scorsi ha interessato le campagne umbre e toscane. Si tratta prevalentemente di acquirenti inglesi, tedeschi e olandesi, che comprano le vecchie case in pietra dei centri storici per restaurarle con lo scopo di venirci a vivere stabilmente, attratti dalla semplicità della vita, dal clima mite e dagli incredibili scenari naturali in cui spesso questi piccoli centri sono incastonati. È sempre piú frequente, se capita di chiedere informazioni nei paesini di Tresnuraghes, Magomadas o Modolo, imbattersi in qualcuno dall'accento straniero che sappia però fornire con precisione l'informazione geografica cercata. Contrariamente a quel che si potrebbe supporre, non si tratta solo di coppie di pensionati che fanno della Planargia il *buen retiro* della vecchiaia, ma anche di coppie di giovani e abbienti professionisti che scelgono questa zona della Sardegna proprio per le particolari caratteristiche sociali e geografiche, che la propongono ancora integra rispetto a località più turisticamente sviluppate. Il contro altare è che questa improvvisa vivacità del mercato immobiliare in Planargia ha fatto prevedibilmente salire i costi delle abitazioni anche per le famiglie locali di nuova costituzione, ottenendo il surreale effetto di rendere ai sardi ancora più complicato dal punto di vista economico scegliere di rimanere. All'incremento di questo movimento di stranieri dal nord Europa verso il lato occidentale della costa sarda ha contribuito notevolmente il vicino aeroporto di Alghero, che con i suoi sempre più frequenti voli internazionali *low cost*, offre grande facilità di collegamento con le nazioni di origine. Anche le regioni storiche vicine, interessate dalla stessa agonia demografica della Planargia, hanno ipotizzato che uno dei modi per vincere la lotta allo spopolamento avrebbe potuto essere quello di offrire alla gente agevolazioni particolari per scegliere come residenza permanente i loro territori, leggermente più interni, ma dagli scenari non meno suggestivi di quelli delle vicine coste: ad esempio il Gruppo di Azione Locale che riunisce le amministrazioni e i soggetti imprenditoriali privati delle regioni del Montiferru, del Barigadu e del Sinis ha promosso uno specifico progetto, denominato *Terre Shardana*, mirato al ripopolamento del territorio, attraverso la concessione di servizi appositamente dedicati a chi abbia l'intento di venire a vivere stabilmente in uno dei comuni aderenti, acquistando una delle molte case ormai vuote del centro storico.

In futuro questa presenza sempre più nutrita di persone con lingua e cultura differenti farà probabilmente sorgere questioni di natura integrativa assolutamente nuove con il contesto sardo, storicamente poco permeabile; ma per ora la principale richiesta che le piccole comunità di stranieri fanno alle amministrazioni locali è soprattutto quella di poter presto avere accesso alla connessione ad internet con la banda larga, infrastruttura altrove assolutamente scontata, ma che resta ancora un traguardo da raggiungere nella gran parte del territorio sardo.

5.
Fede
Piramidi, pozzi, maschere e piedi nudi

Provincia di Sassari,
regione storica della Nurra,
comune di Porto Torres.

Provincia di Oristano,
regione storica del Montiferru,
comune di Paulilatino.

Provincia di Oristano,
regione storica del Campidano,
comune di Cabras.

Provincia di Nuoro,
regione storica della Barbagia di Orgosolo,
comune di Ottana.

Provincia di Oristano,
regione storica del Campidano,
comune di Oristano.

Nonostante le parole che Sergio Atzeni mette in bocca al suo celebre custode delle memorie, l'affermazione che in Sardegna si sia «cristiani senza discussioni» da generazioni è sin troppo facile da smentire. Le influenze sono tante e tali che dei culti che si sono succeduti nei secoli, in modi diversi e in diverse zone dell'isola, è complicato persino ritrovare traccia certa.

Le leggende aiutano a capire molte cose, tanto che tutt'oggi le narrazioni tradizionali di cui è ricca la Sardegna farebbero invidia all'immaginario tolkeniano per la presenza di creature fantastiche, retaggio di culti scomparsi. Piccole fate, le *janas*, con i loro telai d'oro avrebbero abitato quelle che l'archeologia definisce piú prosaicamente tombe protosarde; folletti ed orchi avrebbero protetto i tesori dei nuraghi con sortilegi spaventosi; le *panas*, creature femminili morte di parto, cosí simili alle *banshees* irlandesi che lavano eternamente i panni lungo i fiumi, avrebbero succhiato il sangue ai neonati non battezzati, gelose della gioia delle madri che li avevano partoriti; non si contano soprattutto i miti legati alle cosiddette streghe, le *cogas* e le *strias*, chiare testimonianze di un passato religioso sciamanico con tentacoli sorprendentemente recenti. È di sicuro durata fino a pochi decenni fa la convinzione superstiziosa che invitava a proteggere le entrate della casa con una scopa di saggina o un rastrello rovesciati, nella convinzione che la strega, attratta dal numero dei fili di paglia e dei denti metallici, ma incapace di contare oltre il numero sette, trascorresse la notte nell'inutile tentativo, fino al sorgere fatale dell'alba.

Fabrizio De André, che certamente conosceva la leggenda avendo eletto la Gallura a luogo di residenza, ne inserisce un cenno nella canzone in dialetto genovese *A çimma*:

> *Ti mettiàe ou brúgu rèdennu'nte 'n cantún*
> *che se d'à cappa a sgúggia 'n cuxin-a stria*
> *a xeúa de cuntà 'e pàgge che ghe sún*
> *'a çimma a l'è za pinn-a a l'è za cúxia*.*

Anche nell'era di internet i sardi continuano a rimanere un popolo indubbiamente superstizioso. La traccia di questo retaggio, al di là delle leggende sopravvissute, è soprattutto nelle feste rituali diffuse ovunque in modo eterogeneo, spesso poco intaccate dai tentativi di cristianizzazione succedutisi nei secoli, per la gioia di antropologi ed etnografi. È soprattutto il carnevale, festa laica per eccellenza, a rivelare la radice profonda di una religiosità che comincia lontano nel tempo. Nei paesi dell'interno della Sardegna il carnevale è la chiara pantomima di riti apotropaici e sacrificali di derivazione dionisiaca, mentre nella Sartiglia oristanese, una splendida giostra di abilità equestre, è perfettamente rinvenibile la traccia di un rito di fertilità che proietta nella spada il suo elemento fallico e nella stella forata da infilzare una controparte facilmente riconoscibile.

Tutta questa ricchezza di forme fideiste e superstizioni si intreccia, in modo piú o meno armonico, con la fede cristiana ufficialmente riconosciuta come prevalente nell'isola. Tuttavia, le modalità in cui vengono celebrate molte tradizioni, apparentemente pie, la dice lunga sulla radice che può averle generate, tanto da far pensare che in Sardegna, piú che cristianizzare il pagano la gente abbia proceduto a paganizzare il cristiano, a proprio modo.

Queste manifestazioni sono visibili in zone diverse in tutti i periodi dell'anno, e nonostante muovano un numero crescente di turisti, il rischio di vederle decadere nella recita folkloristica è minimo: si tratta in gran parte di riti che i sardi fanno

---

* [Metterai la scopa dritta in un angolo | che se dalla cappa scivola in cucina la strega | a forza di contare le paglie che ci sono | la cima è già piena è già cucita].

ancora solo per se stessi, sfuggendo alla tentazione dell'auto-rappresentazione. Per capire perché alcuni retaggi siano ancora cosí radicati è utile, prima di andar per feste, andar per pietre, spesso altrettanto eloquenti.

Nuraghi e piramidi.

In Sardegna la via archeologica riserva sorprese inquietanti; infatti, se in alcuni casi i resti visibili testimoniano credenze riconoscibili, in altri casi costituiscono vestigia di culti talmente anomali da non somigliare a niente di noto, e avvicinano alla fantastoria ogni tentativo di possibile ricostruzione. Non è un caso che la Sardegna sia un vero paradiso per comunità neopagane, astrologi, cacciatori di misteri, esoteristi di varia natura, ufologi, sceneggiatori di genere e sedicenti studiosi esaltati dalla possibilità di aver riconosciuto il tale mito in questa o quella pietra, talvolta anche con ampia risonanza mediatica.

I nuraghi sono la prima forte attrattiva in questo senso, a causa della loro assoluta peculiarità; non esistendo niente di analogo con cui fare confronti, a spiegare definitivamente questi misteriosi monumenti non è bastata, per il momento, nessuna delle ipotesi formulate, compresa quella religiosa: cosa vi adorassero eventualmente i protosardi è un mistero rimasto sepolto con loro. Questo, ovviamente, non ferma i gruppi di esoteristi, che ogni anno eleggono qualche nuraghe a locazione privilegiata per riti di varia natura, aiutati dallo stato di scarsa custodia in cui versano queste torri antichissime; se è vero infatti che i nuraghi esistono solo in Sardegna, è altrettanto vero che in Sardegna ne esistono almeno settemila, un patrimonio immenso ed esteso su tutto il territorio, incontrollabile per qualunque Soprintendenza. Il fatto che siano spesso collocati su terreni privati facilita l'estensione del concetto di proprietà fino al nuraghe stesso, spiegando come mai, ogni tanto, se ne veda qualcuno dotato di copertura di fortuna e trasformato, con molto poco senso del mistero, in una dependance al servizio di attività agropastorali.

Un altro resto archeologico di un monumento religioso inspiegabile è quello clamoroso della piramide a gradoni di Monte d'Accoddi, situata nella Nurra, a una decina di chilometri tra Sassari e Porto Torres, proprio lungo la SS 131: si tratta di una ziggurat unica nel mediterraneo, la cui incredibile presenza ha riscontri analoghi solo in Mesopotamia. A differenza degli edifici mesopotamici, che sono realizzati in argilla, la piramide a gradoni di Monte d'Accoddi è completamente in blocchi di pietra, come tutti i megaliti sardi, e presenta le tracce di due stratificazioni, probabilmente due templi simili costruiti uno sull'altro in fasi differenti della stessa civiltà, quella nota come cultura di Ozieri. Le dimensioni di questo altare sopraelevato sono veramente notevoli: la piramide piú recente (di circa tremila anni fa) ha una base di trentasei metri per ventinove e doveva raggiungere un'altezza di nove metri, facilmente calcolabile dalla pendenza della rampa lunga quarantadue metri, usata per raggiungerne la sommità. La ziggurat, come racconta Franco Fresi nella sua *Guida insolita*, sorge su un terreno appartenuto al Presidente della Repubblica Antonio Segni: fu lui stesso, quando era ancora ministro della Pubblica Istruzione, a segnalare all'archeologo Giovanni Lilliu il sospetto della presenza di un resto archeologico significativo, probabilmente un grosso nuraghe, nascosto sotto la strana collina che spiccava incongruamente in una zona prevalentemente piana. Ovviamente, nessuno degli archeologi che effettuarono i primi scavi negli anni Cinquanta si aspettava la scoperta di un simile monumento, la cui presenza, senza emuli anche in Sardegna, è spiegabile unicamente con ipotesi: la sola cosa che non è in dubbio è proprio il fatto che dovesse trattarsi di una costruzione destinata all'uso cultuale. Sebbene sia impossibile determinare oggi a quale dio volessero rendere omaggio le popolazioni che la eressero, le congetture piú accreditate riconoscono nell'altare superiore un luogo probabilmente adibito a riti di fertilità.

Pozzi sacri.

La ziggurat e gli interrogativi legati alla sua origine basterebbero da soli a far la felicità di qualunque cultore del mistero. Eppure c'è un altro elemento archeologico in Sardegna che fa davvero impazzire gli appassionati di antiche religioni, pur non essendo esclusivo dell'isola: si tratta dei pozzi sacri, veri e propri templi sotterranei dedicati a una divinità femminile, venerata attraverso il culto delle acque e dei fenomeni lunari. Di questi pozzi in Sardegna ce ne sono circa una quarantina e la loro datazione è collocata tra il 1300 e l'850 a. C.; nonostante la coincidenza temporale con la cultura nuragica, la perfezione costruttiva che li caratterizza ha fatto per molto tempo dubitare che fossero stati realizzati dalle stesse mani che avevano elevato le pietre appena sbozzate dei nuraghi.

Il pozzo piú noto e rappresentativo è quello di Santa Cristina, nella regione storica del Barigadu, collocato nel territorio del comune di Paulilatino in provincia di Oristano. La struttura architettonica di questo pozzo sacro è molto piú complessa rispetto agli altri, perché si tratta con tutta probabilità di una delle espressioni mature della civiltà che lo costruí, talmente avanzata da rivelare cognizioni architettoniche e astronomiche ancora oggi stupefacenti. Niente nella sua struttura è infatti lasciato al caso, come sembra confermato anche dai piú recenti studi astronomici sull'orientamento del pozzo: infatti, è ormai verificato che ogni diciotto anni e sei mesi, l'astro lunare al suo plenilunio proietta sul fondo del pozzo l'intera sua forma attraverso il foro che sovrasta la cupola di copertura del pozzo, la *tholos*. L'ultima volta questo suggestivo evento si è verificato il 3 gennaio del 2007, alla presenza di studiosi del fenomeno e di una nutrita folla di curiosi e adepti di culti di derivazione neopagana; per scorgerlo nuovamente sarà necessario attendere l'anno 2025. Anche il sole, grazie all'orientamento astronomico della gradinata, illuminava il fondo del pozzo di Santa Cristina due sole volte all'anno, per la precisione durante gli equinozi di primavera e autunno; questo fenomeno oggi non è piú osservabile a causa del mutamento dell'inclinazione dell'asse terrestre rispetto a 3300 anni fa.

Nonostante il cielo sia molto cambiato dall'epoca in cui dalla Sardegna si poteva ancora scorgere Rigel Kent, la stella piú vicina alla terra nella costellazione del Centauro, la sua posizione al centro del Mediterraneo e la bassa densità di centri abitati illuminati fanno del suo cielo ancora oggi un luogo di osservazione privilegiato per gli astronomi, e non solo per loro.

I pozzi sacri richiamano un culto delle acque che doveva essere diffuso, con le stesse caratteristiche, in un'area molto piú estesa di quella che si suppose inizialmente, e la conferma viene dall'architettura prima ancora che dall'archeologia.

In uno studio del 1983, *Megalithischer Brunnentempel protosardinischen Typs vom Dorf Gărlo,* l'archeologa bulgara Dimitrina Džonova ha messo in luce le sorprendenti analogie tra uno dei pozzi sacri meno noti in Sardegna, quello di Funtana Coberta di Ballao, in provincia di Cagliari, con altri due siti in apparenza senza alcun collegamento con la Sardegna: il tempio di Gărlo in Bulgaria, nei pressi di Sofia e il cosiddetto *asclepion* di Chersoneso, in Crimea. I tre siti, apparentemente pertinenti a contesti culturali ben lontani l'uno dall'altro, denunciano invece affinità sconcertanti nelle strutture, che oltre ad essere pressoché identiche, hanno dimensioni che differiscono di appena qualche centimetro. Tutti e tre i pozzi sacri si compongono di un ingresso seminterrato, un corridoio con scala in pietra che scende sottoterra verso una camera sovrastata da una cupola con un foro al centro, esattamente perpendicolare al pozzo piuttosto profondo situato nel mezzo. Quello che sorprende è in particolare la somiglianza tra il tempio di Gărlo e quello sardo di Ballao, identici nel numero dei gradini e assolutamente simili nelle proporzioni della cupola e nella profondità del pozzo.

Questa analogia tra luoghi tanto distanti non può avere molte altre interpretazioni che quella di un culto comune; ma quale fosse questo culto resta ancora abbastanza discusso. Per molto tempo si è creduto che fosse un culto delle acque autoctono, simile ad altri sorti ovunque l'acqua sia considerabile come bene scarso, ma l'innegabile analogia tra l'architettura dei pozzi sardi e quella di alcune fonti micenee con copertura a cupola, fa pensare che le similitudini potessero essere anche religiose, legate al culto dell'ascia bipenne, di cui in Sardegna sono stati ritrovati alcuni esemplari molto belli, uno per tutti quello del pozzo sacro di Santa Vittoria di Serri, in provincia del Medio Campidano.

La contaminazione con la cultura micenea è attestata nell'isola già dal XIV secolo a. C., ma la traccia più interessante della presenza del culto della bipenne curiosamente non ci viene dall'archeologia: la fonte più recente è infatti un preziosissimo racconto, un reperto orale dal valore inestimabile, raccolto e pubblicato per la prima volta dallo scrittore Franco Enna, che l'aveva appreso a sua volta dalla voce dell'anziana Maddalena Deriu, novantenne di Macomer.

Il racconto, pubblicato per la prima volta nel 2003 e noto con il nome di *Paristoria di Maria Giusta*, è in versi in lingua sarda, un sistema letterario tipico delle popolazioni che affidavano alla memoria i propri eventi. La rima veniva utilizzata proprio per facilitare il ricordo, segno che il contenuto del racconto era ritenuto cosí importante da non poter correre il rischio di dimenticarlo. Purtroppo la storia di Maria Giusta è incompleta, ma la parte pervenuta permette di fondare con una certa approssimazione l'esistenza di uno dei tratti principali del culto della *labrys* in Sardegna: il sacrificio umano votivo. Maria Giusta, la protagonista del breve racconto in versi, per rimediare a una siccità che sta uccidendo uomini e animali si reca da una sacerdotessa che le fornisce alcune indicazioni misteriose a proposito di acque sacre e dei pozzi che le contengono. Nessuno dei gesti rituali compiuti dalla donna ai pozzi indicati sembra risolvere il problema, fino a quando la sacerdotessa non afferma che *acqua no naschet si sambene no paschet*, cioè «l'acqua non nasce se il sangue non pasce». La donna, allora, si suicida volontariamente gettandosi in un burrone, chiaro richiamo a un sacrificio umano per ottenere l'acqua, straordina-

riamente giunto fino a noi attraverso piú di trenta secoli, a get-
tare una luce diversa e inquietante sul mistero dei pozzi sacri
di Santa Cristina, di Santa Vittoria di Serri e di molti altri diffusi per la Sardegna.

Riti dionisiaci.

Quello che in questi retaggi suscita inquietudine è l'integrità
della cultura ancestrale che rivelano, in totale incongruenza con
qualunque progresso tecnologico che possa essere nel frattempo sopraggiunto, e con il quale esiste invece una sorprendente
convivenza. Il luogo che incarna meglio questo contrasto è Ottana, un paese barbaricino che negli anni Settanta fu investito
della discutibile responsabilità di divenire polo industriale del
centro Sardegna. Fabbriche manufatturiere e industrie chimi-
che come l'Eni vi sono nate e morte nel giro di pochi anni, regalando e poi togliendo ai giovani del posto la possibilità di una
occupazione stabile, lontano dalla dura campagna dei padri.
L'intuizione che cedere le terre all'industria sia stato una sorta
di sacrificio collettivo alla speranza di una nuova fertilità è nelle parole di Bachisio Bandinu e Salvatore Cubeddu, che inqua-
drano lucidamente la dinamica quasi messianica dell'attesa di
sviluppo economico dal settore petrolchimico:

> Gli orti e le terre del grano sono stati offerti al nuovo dio. È avvenu-
> to in successione brevissima, neanche dieci-vent'anni. Diecimila anni di
> rivoluzione agricola si erano fermati di fronte all'importazione dei cerea-
> li alla metà del secolo ventesimo. Non piú aratri che incidessero il suolo,
> non piú bovini a fare da motore, non piú semina, e neanche raccolto. Piú
> ricchi delle spighe, del tutto indipendenti da siccità e sciagure. All'incer-
> tezza del raccolto subentrava la costante produzione di beni. Lontane era-
> no le intemperie e le schiene rotte dalla fatica. E un altro modo di esse-
> re uomini: operai, non contadini. Una collettività coesa nel lavoro, non
> una solitudine dispersa. Tutto questo sembrava valere il meglio del suo-
> lo sardo. L'olio di pietra penetrasse pure la nostra terra. Questa libagio-
> ne che macchiava la terra poteva ben essere il nostro sacrificio sacro. Pur-
> ché il dio che veniva dal mare mantenesse le promesse.

Questo miracolo, lo sappiamo oggi, non avvenne. Ma prima e dopo il crepuscolo degli dèi industriali, a Ottana non ha comunque mai smesso di essere celebrato un altro strano rituale, un carnevale fatale dove un altro dio, piú antico, continuava a provvedere alla vita, nascendo e morendo ciclicamente per alimentare, attraverso il suo sacrificio, l'avara natura circostante. È il carnevale dei *Merdules* e dei *Boes*, due maschere tradizionali in cui sono riscontrabili con evidenza le tracce degli antichi culti del Mediterraneo arcaico dedicati a Dioniso Mainoles, il dio nel suo aspetto di ebbrezza ed estasi. In Sardegna il titolo si è corrotto in *Maimone* e oggi indica genericamente il diavolo, perché la progressiva cristianizzazione ha ridotto il dio pagano a immagine demoniaca.

Il rito di fertilità, che ancora oggi a Ottana viene inconsa-

Figura 6.
Maschera tradizionale.

pevolmente celebrato, è una pantomima collettiva che riecheggia il sacrificio di Dioniso, attraverso la morte simbolica di una vittima destinata a impersonarlo in una celebrazione pagana che probabilmente in un antico passato doveva avvenire in tutta la Sardegna, non solo in Barbagia.

Il rito, incurante della flessibilità delle date del carnevale, comincia sempre nello stesso giorno, la sera del 16 di gennaio, in concomitanza con quella festività di sant'Antonio abate che ha sincretizzato in forma cristiana quasi tutti i rituali legati al culto dionisiaco. Dopo la messa cristiana per il santo e la benedizione del grande falò in piazza, i *Merdules* escono dai vicoli indossando rozze maschere in legno di pero, che li rappresentano come esseri umani dai tratti deformi. Il nome deriva probabilmente dalla costruzione antica: *mere* = padrone e *de ule* = del bue. Con loro ci sono infatti i *Boes*, altri uomini che indossano grandi maschere di pelle, stavolta raffinatissime ed eleganti, dai tratti taurini, con motivi e decori realizzati con il coltello e lo scalpello. Tutte le maschere sono acconciate con velli di pecora non tosati, legati attorno al corpo ad imitazione del pellame animale, e confluiscono intorno al fuoco passando tra la folla con una processione inizialmente ordinata e il passo scandito dai campanacci legati sulla schiena dei *Boes*. Alla luce delle fiamme del falò il ritmo violento di quel suono metallico ammutolisce i presenti, che attendono l'apoteosi della pantomima. Improvvisamente i *Boes* sembrano scatenarsi e perdere il senno, agitandosi come a sottrarsi all'autorità dei *Merdules* loro guardiani. Le maschere zoomorfe si scagliano allora contro la folla e poi ciascuno contro il suo domatore, che apparentemente sembra cercare di tenere a bada l'uomo-animale con una frusta di cuoio e un bastone, percuotendolo con violenza ostentata e immobilizzandolo temporaneamente a terra come morto. Il bastone del guardiano che batte il bue non serve a punire l'intemperanza della bestia, come si potrebbe pensare osservando la scena, ma a far sgorgare dalla schiena dell'animale il sangue che porterà la pioggia e feconderà la terra. Tutta la processione è accompagnata da una figura femminile interpretata da un uomo acconciato da vecchia filatrice vestita a lutto, *sa filonzana*. La vecchia, alla maniera delle Parche, fila la lana e minaccia continuamente di reciderla con un chiaro simbolismo, incutendo nei presenti un rispetto che simula il timore. Nessuno in questo rito è spettatore, neppure coloro che non indossano maschere, perché anch'essi recitano seguendo un canovaccio collettivo che prevede sia lo spavento rituale che l'incitamento ai *Merdules* affinché riprendano il controllo dei *Boes*.

Quanta consapevolezza ci sia, negli stessi ottanesi, circa l'origine pagana di questo rituale è molto difficile stabilirlo, sebbene si possa affermare con certezza che nessuno di quelli che vi partecipa intende realmente, anche conoscendolo, attribuirgli il significato che aveva in origine. Si tratta piú che altro di perpetuare una tradizione sempre vista, incarnandola nell'unica festività dell'anno che consenta a quel simbolismo di essere rappresentato in maniera accettabile per la mentalità e la sensibilità religiosa attuali. Lo stesso avviene in molti altri paesi della Barbagia, che per i loro carnevali mettono in scena situazioni molto simili con maschere differenti, ma sempre in foggia di animale e di domatore. Dalla piana di Ottana, oltre le fiamme del falò di questo strano sant'Antonio, non è difficile scorgere le luci perenni della vicina zona industriale, dove una grande centrale termoelettrica dà energia ai pochi stabilimenti rimasti in piedi, cattedrali agonizzanti erette a nuove divinità incapaci di futuro.

Processioni e templi nel vuoto.

Davanti a questi segni, di palese matrice pagana, è facile credere che nell'isola il cristianesimo sia solo un'incrostazione ancora mal digerita; lo smentiscono invece altrettanti segni di una devozione semplice che si manifesta attraverso le vie piú sorprendenti, sulla costa come nelle montagne dell'interno.

A partire dalle incisioni di sigle cristologiche sugli architravi delle abitazioni piú antiche, fino ad arrivare al saluto dell'*A-*

ve Maria, che fino a pochi anni fa si usava comunemente nel Campidano al posto del buongiorno, la fede cristiana in Sardegna svolge ancora, per molti versi, la funzione di collante sociale che altre forme di partecipazione civica non sono riuscite ad emulare. Alle feste comandate si aggiungono quelle patronali, straordinariamente sentite, che spesso vengono celebrate attraverso rituali ben poco ortodossi, ai quali invano il clero ha cercato di porre un limite, fino ad arrendersi a considerarle come forme alternative di liturgia. In materia di fede, in Sardegna la *vox populi* è davvero *vox Dei*, tanto da canonizzare di peso figure che per la Chiesa ufficiale sante non sono diventate mai. Ad esempio l'imperatore Costantino, venerato nel paese di Sedilo con una processione a cavallo a rotta di collo per il paese, o il profeta Elia, venerato a Nuragus nella piú totale noncuranza del fatto che, per motivi di opportunità teologica, mai fu canonizzato ufficialmente qualcuno nato prima di Cristo.

Una dominante di gran parte delle espressioni religiose dell'isola è il pudore maschile in tema di manifestazione della fede, denominato con il termine curioso di «rispetto umano», quasi che mostrarsi palesemente devoti costringesse brutalmente gli altri a tenerne in qualche modo conto, come davanti a una forma di nudità. Probabilmente a causa della loro eccessiva visibilità, modi ordinari come la celebrazione domenicale sono tacitamente letti come fossero destinati alle donne, mentre la fede maschile si manifesta spesso con altre modalità, il piú delle volte legate ad una prova di valore o di fatica che giustifichi la «debolezza» del credere e rappresenti una forma piú virile di espressione della propria appartenenza a Dio. Questo fa sí che molte feste patronali si presentino come un vero e proprio spettacolo, che resterebbe però compreso solo in parte qualora non si tenesse conto che si sta assistendo all'unica forma accettabile di espressione della fede per una parte della popolazione: si tratti dei candelieri di Sassari o dei cavalieri spericolati di Sedilo.

Una delle piú suggestive e meno note forme di devozione faticosa si tiene a Cabras, nel Campidano di Oristano, ogni pri-

mo fine settimana di settembre. Consiste in una processione in
rapida corsa, lunga nove chilometri, senza soste, compiuta a piedi nudi da soli uomini in onore di San Salvatore, cioè Cristo
stesso, dalla parrocchia di Cabras al santuario di San Salvatore
e ritorno. Il simulacro del Cristo viene portato con un sistema
di staffette, onere e onore che tocca, a turno, solo a uomini nati nel paese di Cabras o sposati con donne di Cabras, con l'eccezione di chi debba adempiere a un voto specifico. La partecipazione alla corsa avviene con indosso la lunga camicia tradizionale del costume maschile, che viene legata attorno ai fianchi
come un saio bianco, determinando da lontano la visione di
un'orda candida in corsa a rotta di collo per le campagne, con
centinaia di piedi nudi e lacerati che sollevano unanimi un coro
di polvere. La prova è fisicamente pesantissima, ma sono in pochi quelli che si preparano correndo scalzi qualche giorno prima
per ispessire la pianta dei piedi. La maggior parte corre a freddo, talvolta in compagnia dei figli preadolescenti, qualcuno persino con bambini piú piccoli in braccio, come portasse a modo
suo un altro simulacro del santo.

La corsa celebra un avvenimento a metà tra storia e leggenda: la fuga rocambolesca della popolazione della costa verso l'interno, per salvare dalle scorrerie dei pirati stranieri quanto aveva di piú prezioso. Piú credibilmente furono le donne e i bambini a mettersi in salvo con la statua del Cristo, mentre gli
uomini coprivano loro le spalle combattendo, e questo spiega
perché alle sei del mattino, in maniera del tutto illogica, una
processione a piedi nudi, esclusivamente femminile, faccia lo
stesso percorso con una statua piú piccola del santo, di soppiat-
to e senza correre affatto.

La corsa di San Salvatore è un'occasione per conoscere quei
luoghi tradizionali del vivere la fede in Sardegna che sono i san-
tuari campestri: centinaia in tutta l'isola e talvolta circondati
da un gruppo di piccoli ripari per i pellegrini che vi giungevano
da lontano. Trovare una chiesa solitaria in campagna è comune
come vedere un nuraghe. Non si tratta di edifici in stato di abbandono, ma di vere e proprie mete della devozione che ven-

gono spesso raggiunte a piedi con processioni lunghe chilometri in occasione della festa del santo locale; quasi come se la piú
radicale manifestazione della fede potesse realizzarsi solo in un
altrove, lontano dai luoghi comuni della vita e del lavoro quotidiano, in uno spazio e in un tempo «sacri», perché distinti. È
cosí la bellissima chiesa di San Lussorio, interamente in trachite rossa, nel comune di Fordongianus in Barigadu, ma anche la
straordinaria basilica di Trinità di Saccargia, gioiello di architettura romanico-toscana che sorge nel nulla del territorio di
Codrongianus, sulla strada tra Sassari e Tempio Pausania. Al
di là di questi esempi di bellezza, non c'è comunque paese in
Sardegna che non vanti la sua piccola cattedrale nel deserto, dove andare ad innalzare preghiere a un Dio che evidentemente
non ama avere vicini di casa.

Il cavaliere infinito.

Non sembrerebbe aver niente a che fare con la fede la Sartiglia di Oristano, e invece pochi rituali in Sardegna hanno la
stessa valenza mistica, sebbene la patina carnascialesca faccia
di tutto per ammantarne con coriandoli e stelle filanti il senso
profondo. La lettura superficiale è quella di una corsa equestre
di abilità con la spada, durante la quale i cavalieri devono cen-
trare una stella forata sospesa a una certa altezza dal suolo. Questa interpretazione è dominante e basterebbe a fare comunque
della Sartiglia il momento piú emozionante della domenica e del
martedí grasso dell'altrimenti banalissimo carnevale oristanese. Ad un occhio piú attento non possono però sfuggire i tanti
segni che fanno di questa corsa l'ennesima celebrazione collettiva di un rito di fertilità, stavolta a forte simbologia sessuale,
presieduto da una misteriosa figura sacerdotale cavalleresca: *su
Componidori*. L'elemento dominante della rappresentazione è
la maschera che egli indossa, uguale anche per tutti gli altri cavalieri, maschera che annulla l'identità del singolo e gli permette di assumere quella di tutti, uomini e donne, che gli delegano

collettivamente il compito di eseguire il rituale attraverso un procedimento di divinizzazione temporanea. A sancire questa assunzione di identità collettiva basta il fatto che fino a qualche anno fa il nome della persona che avrebbe vestito i panni di questa figura mistica non veniva neppure reso noto. Lo stesso implicito significato viene espresso dal fatto che, a differenza di tutte le altre maschere della Sardegna, quella de *su Componidori* non ha caratteri di genere, né espressione, e gli viene apposta mentre sta seduto sopra un tavolo, dove viene vestito completamente da tre donne preposte a questo compito sacrale. L'istante dell'apposizione della maschera è proprio quello misterioso, che segna la trasformazione del cavaliere in semidio: da quel momento colui che lo interpreta non può più toccare terra per non perdere la sacralità acquisita, e monterà a cavallo direttamente dal tavolo. Non è a caso se il poeta oristanese Filippo Martinez gli mette in bocca queste parole:

> Vivo come in sogno gli uomini e le donne
> che sono stato
> Ho quasi perso i nomi.
> Dimenticato i figli.
> Sono un cavaliere infinito.
> Corro,
> comando,
> benedico.
> Con forza tengo a freno
> la mia eterna
> paura di cadere.

Il compito del Componidori è portare armonia nelle cose secondo un ordine preciso. Il numero delle stelle infilzate durante la corsa da lui capeggiata è considerato significativamente di auspicio per l'annata agricola, che andrà bene o male a seconda della quantità di pegni presi nelle varie discese alla stella, quando i cavalieri in corsa si susseguono per diverse ore lungo le due strade principali coperte da quintali di sabbia. Al termine della corsa *su Componidori* compie il suo ultimo atto rituale da sacerdote: scende con la schiena distesa sul cavallo lanciato al galoppo, con in mano uno scettro di viole ciocche con il quale benedice la folla. In questo momento non è affatto raro vedere qualcuno che un po' comicamente si fa il segno di croce, cogliendo in maniera inconsapevole il senso religioso, ma sicuramente non cristiano, di questa manifestazione. Tutti gli arcivescovi *pro tempore*, che dal balcone dell'episcopio affacciato sulla strada principale hanno assistito in posizione privilegiata ad ogni discesa alla stella, con altrettanto spirito intuitivo hanno evitato sempre di confondersi alla folla festante. Forse, tra le altre cose, per non correre il rischio concreto di vedersi esautorati per un giorno dall'esclusivo ruolo di mediatori del mistero: nel rito segreto della Sartiglia il re, il sacerdote e il profeta sono la stessa persona, e portano la maschera sulla faccia, secondo l'uso che vuole la vera fede celata alla vista. Per questo, che sia in legno o di cuoio, di animale o di uomo, di maschio feroce o androgino ieratico, niente di profondamente religioso in Sardegna sembra potersi compiere senza una maschera, come se l'essenza delle cose mistiche potesse rivelarsi realmente solo quando nessuno può scorgerne il vero volto.

6.

Suoni

Voci, strumenti, poesie e jazz

Provincia di Oristano,
regione storica del Barigadu,
comune di Tadasuni.

Provincia di Nuoro,
regione storica della Barbagia di Orgosolo,
comune di Gavoi.

Provincia di Oristano,
regione storica del Campidano di Oristano,
comuni di Nurachi e di Riola.

Provincia di Olbia-Tempio,
regione storica del Monte Acuto,
comune di Berchidda.

> La Sardegna è uno dei pochi posti dove al giorno d'oggi il
> canto si genera spontaneamente, si riproduce costantemente e
> si rinnova incessantemente.
>
> Amelie Posse Brázdová, *Interludio di Sardegna*.

Una leggenda sarda, molto suggestiva, attribuisce a Dio lo
strano nome di *Eu-su-primu-cantende*, Io-il-primo-che-canta, sta-
bilendo esplicitamente un legame diretto tra il canto e l'atto divino della creazione.

I sardi hanno un alto concetto del canto e in Sardegna c'è
davvero musica ovunque; uno dei modi piú appassionanti per
girare questa regione è proprio quello di andare a ricercarne la
spina dorsale sonora, seguendo le tracce musicali e poetiche che
formano a modo loro un altro paesaggio, altrettanto variegato.

La musica tradizionale è ancora la piú diffusa tra quelle proprie dell'isola, e fino agli anni Sessanta era anche l'unica che
avesse uno sviluppo significativo, perché manteneva a pieno titolo la doppia funzione di intrattenimento e memoria propria
delle culture a trasmissione orale. La caratteristica di quel tipo
di espressione musicale era il ruolo dominante della parola, l'u-
nico elemento autorizzato a mutare, mentre la melodia aveva il
compito di fare da struttura invariabile. L'impatto con la musica leggera, nata fluida e mutevole proprio nella parte che per
tradizione doveva obbligatoriamente restare fissa, fu inizialmente di forte contrasto, anche perché per la prima volta veniva messo in discussione il ruolo stesso del canto in Sardegna:
non piú elemento collettivo di coesione culturale, rito, memoria, storia e letteratura, ma puro intrattenimento senza altro fine che se stesso. Il nuovo corso musicale che la rivoluzione beat
portava in Italia attraverso la diffusione di radio e televisione
determinò negli anziani sardi diffidenza, rifiuto e l'arroccamen-

to sui motivi tradizionali, mentre nei giovani suscitò reazioni
ambivalenti, che andavano dall'adesione acritica fino ai tentativi di improbabili fusioni, con risultati spesso comicamente surreali. Gli anni Settanta furono quelli del successo nazionale di
Sexy Fonni di Benito Urgu, costruita sulla falsariga di *Je t'aime,
moi non plus* della coppia Gainsbourg-Birkin; delle sperimenta-
zioni *fusion* di Piero Marras, caposcuola di tutti gli artisti che
avrebbero fatto musica moderna in Sardegna negli anni a seguire; e dello straordinario carisma interpretativo di Maria Carta,
che prima di ispirare con il suo volto intenso registi come Zef-
firelli e Francis Ford Coppola, fu la voce sarda senz'altro piú
vicina alla tradizione. Non è un caso se in quel periodo sull'e-
mittente isolana Videolina apre i battenti la trasmissione piú
seguita dai sardi di sempre, quella *Sardegna Canta* il cui nome
riprende proprio il titolo di un famoso album della Carta. Cosí, mentre sparisce progressivamente dalle piazze il ballo spontaneo della gente comune, aumenta il numero di coloro che si
siedono davanti agli schermi televisivi per «guardare come si
balla», delegando ai gruppi folk il compito di autorappresenta-
re, a se stessi e agli altri, gli ultimi spasmi di un'identità in disuso. Si dovranno attendere gli anni Novanta e l'improvvisa ribalta nazionale del gruppo dei Tazenda per tornare a ripensare
una musica sarda possibile. Molti gruppi con risonanza prevalentemente regionale, come i Kenze Neke e Sa Razza, hanno
saputo personalizzare l'esperienza musicale di generi a forte contenuto di protesta come il punk e il rap, inserendoli nel filone
già tradizionale dei canti con messaggio politico. La costante,
rimasta invariata per tutti i gruppi nati in quegli anni, fu proprio la scelta della lingua con cui cantare, italiana solo in rarissimi casi: scegliendo il sardo come complemento espressivo di
una musica che di matrice sarda non era, i cantautori dell'isola
dichiaravano apertamente, insieme all'attualità della loro lingua, l'intento di continuare a fare musica essenzialmente per se
stessi, contro ogni tentativo di folklorizzazione da riserva in-
diana. Che fosse questo il rischio oggettivo, corso da tutta la
cultura tradizionale dell'isola, lo dovette intuire anche Fabri-

zio De André, che nel 1981 fece uscire il suo album piú dichiaratamente sardo, quello senza titolo, convenzionalmente chiamato appunto *L'Indiano* per via dell'illustrazione sulla copertina, abbinando volutamente i titoli dedicati alla sua esperienza di sardo per scelta, a brani sulla storia tragica del popolo Navajo.

Canti per scandire la vita.

Superato il malinteso senso di modernità che aveva rischiato di far scomparire completamente il patrimonio musicale tradizionale con la morte degli ultimi anziani praticanti, oggi fortunatamente l'aria è cambiata. C'è una nuova sensibilità e le occasioni per riscoprire gli antichi sentieri della musica, sull'isola cosí strettamente connessi con eventi della vita sociale, sono molte al punto da riuscire a trovarsele davanti senza particolari ricerche.

Ogni evento, personale o comune, felice o luttuoso che sia, è celebrato da un canto specifico; dall'*anninnía* per addormentare i neonati, al *trallallera* delle feste goliardiche, ai *goccius* delle celebrazioni religiose, al *tenore* in tutte le sue varianti per canti d'amore, politici e di fede, fino agli ormai rari e struggenti *attittos*, improvvisazioni poetiche di lutto intonate dalle donne dinanzi a un caro defunto.

Il canto pubblico tradizionale è affidato infatti esclusivamente alle voci maschili, e quello piú conosciuto resta il canto *a tenore*, originario della Barbagia. Non c'è praticamente festa di piazza o religiosa dove non sia prevista l'esibizione di un coro *a tenore* in costume tradizionale. Il *tenore* è un canto corale a quattro voci, una sola delle quali, *sa oche*, articola parole comprensibili. Le altre fungono da accompagnamento armonizzato, emettendo una precisa sequenza di sillabe senza senso opportunamente sovrapposte di tono, che cambiano da zona a zona. Nell'area mediterranea non ci sono altri esempi simili a questo tipo di canto, e alcuni studiosi sono propensi a credere che si sia originato per imitazione di precisi suoni naturali: le voci che fanno da contrappunto al solista sembrerebbero infatti riprodurre nei toni gravi il muggito del bue, e in quelli acuti il belato della pecora e il sibilo del vento. Qualunque ne sia l'origine, il canto *a tenore* resta un'esecuzione complessa, e di estrema suggestione, che ha sedotto esperti e musicisti provenienti da ogni parte del mondo; il coro *a tenore* di Bitti, con una storia piú che ventennale, è probabilmente il miglior interprete di questa antichissima tradizione musicale.

La descrizione piú coinvolgente di questo particolare modo di cantare è quella di Amelie Posse. Nel 1915 la popolare scrittrice svedese si trovò costretta dalla guerra a trascorrere suo malgrado un anno in Sardegna, anno che si rivelò straordinariamente sereno e le permise di osservare e raccontare l'isola dei primi del Novecento. In particolar modo la affascinò il canto *a tenore*, ed è l'occhio esperto della musicista che lo coglie in tutta la sua straordinarietà:

> Dopo aver parlottato e sputato al centro del cerchio per un paio di minuti, attaccavano il preludio con una specie di accompagnamento cupo: un suono come di cornamusa, con un tocco di calore profondo; a volte mi ricorda il suono dell'organo in chiesa. Dopo un po' il solista sembrava aver trovato l'ispirazione e cominciava la canzone vera e propria. In genere era un baritono o un tenore, con una bella voce vibrante. Ma tra i sardi la voce, per quanto apprezzata, non è la cosa piú essenziale. Il *cantadore* deve possedere prima di tutto *su donu*, quel qualcosa che gli consente di trascinare gli altri quando è portato dallo spirito della canzone. Ogni volta che la melodia improvvisata cambiava tono, il coro le andava dietro con un'armonia in quattro parti cromaticamente variegata, di solito, per quanto riuscivo a capire, in settime diminuite. Nel frattempo i bassi incredibilmente profondi continuavano a mormorare a bocca chiusa su una nota senza fine. Adesso veniva la cosa piú strana: una voce in falsetto saliva alta superando le voci principali di almeno un'ottava, a volte di una e un terzo. Cominciava a cantare piccole singolari frasi di coloritura, senza parole, come un ottavino o un'allodola che sale sempre piú alta nel cielo e se ne sta là fischiettando e frullando le ali. La melodia del falsetto, come quella principale, era caratterizzata dai fluenti toni di quarta, come avevo sentito solo in qualche tribú selvaggia, soprattutto in Arabia.

Questo particolarissimo modo di cantare ha conquistato l'orecchio di musicisti di ogni parte del mondo; per esempio Peter Gabriel, che affascinato proprio dall'esecuzione *a tenore* del quartetto di Bitti, lo ha invitato a incidere per la sua etichetta discografica, la Real World, inserendolo nel circuito dei suoi festival Womad. Di sapore meno internazionale, ma decisamente di maggiore respiro popolare, è la storica collaborazione del coro *a tenore* di Neoneli con Elio e le Storie Tese, opportunamente ribattezzata Neonelio. Nei loro spettacoli congiunti spesso i versi sardi finiscono in bocca al cantante che sardo non è, un'abitudine che questo quartetto ha consolidato anche incidendo per esteso, forse per la prima volta nella storia musicale dell'isola, quello che è considerato l'inno sardo per eccellenza, *Su patriottu sardu a sos feudatarios*, meglio noto come *Procurade 'e moderare*, capolavoro del poeta ozierese Manno contro il sistema feudale che opprimeva la Sardegna. In quell'incisione, che occupa da sola l'intero disco *Barones*, i versi in lingua sarda sono cantati, oltre che dal gruppo *a tenore*, anche da Francesco Guccini, Luciano Ligabue, Angelo Branduardi, Francesco Baccini ed Elio stesso. Naturalmente in Sardegna incontrare il canto *a tenore* non è difficile, ma indicare una meta precisa è impossibile, perché gli artisti si spostano di continuo; questo significa che ogni piazza, specialmente nella stagione estiva o autunnale, può diventare l'occasione per trovarne all'opera, basta tenere d'occhio i calendari delle feste patronali, sempre molto pubblicizzate nei dintorni.

Suoni da difesa.

Ci sono alcuni paesi che in qualunque periodo dell'anno offrono scorci stabili per curiosare nell'arte musicale sarda; uno di questi è senza dubbio Tadasuni, un piccolo centro del Barigadu affacciato sulle rive del lago Omodeo, che ospita una straordinaria collezione di strumenti musicali sardi, raccolta in forma di museo dal parroco don Giovanni Dore nell'arco di quasi venti anni di ricerche. La collezione, famosa in tutta la Sardegna, vanta oltre 360 strumenti musicali sardi che coprono un arco temporale esteso dal periodo pre-nuragico fino ai giorni nostri. Dalla semplicità del flauto dolce fatto di canna, fino alla complessa armonia polifonica delle antiche *launeddas*, la collezione di Tadasuni è un viaggio nella melodia presente e in quella persa, attraverso alcuni strumenti musicali che appartengono esclusivamente alla tradizione della Sardegna. Questi strumenti non sono nati tutti con lo scopo innocente di accompagnare danze e canti. Per esempio il *trimpanu*, noto anche come *skorriu* o *tunkiu*, emette dei suoni impercettibili per l'uomo, ma perfettamente udibili dall'orecchio sensibile di cani e cavalli, che al solo sentirlo si imbizzarriscono e perdono il controllo di sé. I costruttori dei nuraghi lo utilizzavano come arma impropria contro gli invasori punici e romani, che durante le campagne di assoggettamento del territorio interno venivano disarcionati dai loro animali grazie al suono ritmico di decine di *trimpanos* suonati contemporaneamente. Ancora fino alla metà del Novecento lo strumento veniva usato dai banditi alla macchia per creare disturbo alle compagnie di carabinieri a cavallo che li stavano ricercando. Il *trimpanu* ha l'aspetto di un piccolo tamburo, realizzato unendo un cilindro di sughero a una pelle di cane: per brutale tradizione l'animale deve essere lasciato morire di fame affinché la pelle sia adeguatamente sottile. Sulla superficie del tamburo viene tesa una cordicella fatta da un intreccio di crini di cavallo maschio, che sfregati con un tessuto apposito producono un suono non particolarmente gradevole nemmeno per l'orecchio umano. L'uso di questo oggetto al momento è limitato alle feste di carnevale di alcuni paesi dell'interno, dove accompagna, insieme ad altri strumenti, le sfilate delle maschere tradizionali, per esempio i *Merdules* del paese di Ottana, centro dove vi è ancora chi lo costruisce.

Cuor di tamburo, fiato di canne.

Un altro paese noto per la produzione di tamburi, stavolta per scopi dichiaratamente musicali, è quello di Gavoi, nella Barbagia di Orgosolo, i cui suonatori di tamburo sono famosi anche oltremare con il nome di *tumbarinos*. Si tratta di un gruppo itinerante composto da un numero variabile di suonatori, di solito una decina, tutti muniti di un tamburo di timbro e dimensione differente, con l'aggiunta di un triangolo e talvolta di un flauto dolce.

L'arte dei *tumbarinos* di Gavoi, che suonano camminando lungo le strade dei paesi in festa che di volta in volta li chiamano ad esibirsi, è quella di riuscire a comporre un'armonia piacevole e persino ballabile con uno strumento melodicamente povero, di solito usato nella musica d'orchestra come contrappunto ritmico. Oltre che nelle piazze delle feste, la musica dei *tumbarinos* ha il suo momento di massima espressione proprio a Gavoi, nel giorno del giovedí grasso, quando tutti gli abitanti del paese escono in strada a far carnevale e le montagne intorno risuonano dell'eco sincopata di centinaia di tamburi suonati a ritmo. Proprio il ritmo è l'elemento dominante della musica di matrice barbaricina: che sia ottenuto con la percussione del tamburo, con la sequenza di sillabe vocali senza senso, o con lo scuotimento unisono di campanacci di varia dimensione legati al corpo, tutta la musica del centro Sardegna sembra nata dall'eco di uno spasmo, dal battito ossessivo di un cuore spaventato.

Nel sud dell'isola e lungo le coste tamburi e campanacci sono quasi assenti e non hanno nemmeno funzione di contrappunto nella musica tradizionale, che per esprimersi ha preferito affidarsi, nel corso dei secoli, esclusivamente alla complessa polifonia di un antico strumento a fiato, le *launeddas*, al punto da farlo divenire l'oggetto simbolo di tutta la musica sarda. Le *launeddas* sono fatte di tre canne di nome e timbro diversi, suonate contemporaneamente dallo stesso musicista. L'armonia che se ne ricava è analoga, per suono e ricchezza espressiva, a quella della cornamusa scozzese, ma con una differenza sostanziale: la continuità di fiato che permette alla cornamusa di suonare a lungo è garantita dalla sacca gonfia d'aria che lascia al suonatore il tempo di respirare durante l'esecuzione. Nel caso delle *launeddas* la sacca non esiste e la continuità del suono viene ottenuta con la difficile tecnica del respiro circolare, che permette al suonatore, usando le guance come sacca d'aria, di non interrompere mai il suono per inspirare. Lo spettacolo di un suonatore di *launeddas* è quindi duplice: accanto alla complessità di una musica che basta da sola a far ballare una piazza, c'è la maestria di un musicista che suona tre fiati indipendenti in contemporanea, senza interrompere mai il flusso del respiro. Il respiro circolare è una tecnica antichissima, nota già in tempi nuragici, che oggi in Sardegna viene insegnata solo nelle regioni del Sarrabus, del Campidano di Oristano e in pochi paesi della

Figura 7.
I suonatori di *launeddas*.

Trexenta. Lo scrittore Gavino Ledda, in *Le canne amiche del mare*, ha fissato il passaggio di questo segreto in una conversazione suggestiva tra allievo e maestro:

– E allora cosa vuol dire parlare dentro l'acqua? con un fieno poi? L'acqua non parla, no?

– Non parla? l'acqua ha mille lingue e tu ne dovrai imparare bene almeno una: a soffiarla senza pausa, come quando lei stessa, al sole, evapora soffiando verso il cielo.

– Mille lingue! Io continuo a non capirti. Se poi questa prova consiste nel soffiare dentro l'acqua con un fieno, cosa ci vuole?

– Senza pausa ti ho detto, però!

– E cosa vuol dire!?

– Vuol dire respirare solo con il naso; mandare aria solo dalla bocca dentro il fieno e quindi formare bolle e bollicine senza pausa, sia quando ti prendi l'aria, sia quando la mandi fuori. Vedi, mih! Uno strumento di *launeddas* sono tre canne: *su tumbu*, cioè la canna piú lunga...

– *Su tumbu* l'ho già sentito dire...

– Eh! ma ha bisogno di aria continua, di soffio senza pausa: lui è il vento delle *launeddas* e deve soffiare in continuazione. *Su tumbu* è il basso del concerto. Poi viene la canna mediana: *sa mancosa manna*, cioè la canna della mano manca. Poi ancora *sa mancosedda*, cioè la canna meno lunga e anche meno manca. *Mancosa manna* e *mancosedda* fanno il canto al basso de *su tumbu*. Come vedi, entrambe hanno quattro buchi lunghi e simili alle porte dei nuraghi; piú in basso ancora hanno un altro buco piú grande, detto *s'arrefinu*, la stadera, che regola il peso del loro canto.

– Tutti questi altri nomi non li conoscevo; né sapevo che *su tumbu* era il vento delle canne, né tanto meno avevo notato che era senza tasti a differenza delle altre due. Ma dimmi, come si fa a farlo suonare senza pausa? Tu non respiri?

– Eccolo qui il primo latte! Certo che respiro, sennò sarei già morto. Io posseggo il soffio continuo e riesco ad alimentare il vento delle *launeddas*, senza far mancare mai l'aria necessaria a *su tumbu*.

– Ma io al tuo soffio continuo non ci credo.

– Non ci credi? te lo faccio vedere io e proprio con il fieno dentro l'acqua. Guarda, mih! Prendo il fieno, lo imbocco, mi faccio tutto un mantice con lui. Lo immergo nell'acqua. Soffio dentro e ti faccio, in continuazione, tutte le bolle e le bollicine che vuoi, dall'alba al tramonto.

Sfide di versi e cave di suoni.

Nel Campidano non cambiano solo gli strumenti musicali usati, ma anche la natura del canto è differente: all'austera e malinconica armonia del coro barbaricino si contrappone la giocosa maestria dei *cantadores* solisti, autentici virtuosi dell'improvvisazione in rima. Infatti, se il ritmo è il signore della musica dell'interno, nelle pianure dell'oristanese il posto d'onore appartiene alla parola e alla difficile arte di improvvisarla in poesia, meglio se satirica. Sui palchi delle piazze in festa, accompagnati dalla chitarra classica o dalla fisarmonica, salgono due o tre poeti cantori per sostenere la gara cosiddetta *a repentina*, cioè una competizione poetica dove, rispettando la metrica dei versi settenari, i cantori si cimentano in argute composizioni improvvisate su un tema assegnato dal comitato organizzatore della festa, in genere per argomenti contrapposti (acqua e vino, guerra e pace, nuora e suocera, etc.).

La difficoltà di questo tipo di intrattenimento, molto piú vicino alla letteratura che alla musica, fa sí che i pochi *cantadores* veramente bravi rimasti ad eseguirlo siano stimatissimi dal pubblico e molto ben retribuiti da chi li chiama ad esibirsi. È possibile vederli all'opera a pochi chilometri da Oristano, nel paese di Nurachi, dove da qualche anno si tiene, nel periodo natalizio, una seguitissima gara di improvvisazione in tutto analoga a quelle tradizionali, che oltre a garantire l'esibizione dei migliori *cantadores* di tutta la Sardegna, ha il pregio di incentivare, con un apposito premio, i giovani apprendisti che vogliano cimentarsi nella difficile arte della poesia improvvisata in lingua sarda.

Il Campidano, dopo anni di dimenticanza e svalutazione, solo ora sta riscoprendo la sua musica in maniera incalzante, e c'è un luogo preciso la cui parabola personale incarna metaforicamente questo progressivo ritorno alla luce. È un luogo ancora del tutto sconosciuto, situato nel territorio del comune di Riola Sardo, sulla strada provinciale per Putzu Idu. Incassata dentro una collina completamente invisibile dalla strada c'è una vecchia cava di arenaria; l'intuizione creativa di due architetti locali – Pierpaolo Perra e Alberto Loche – l'ha immaginata come tempio di pietra destinato ad ospitare la musica in ogni sua forma. La cava, dopo la dismissione, era diventata una discarica nascosta, proprio a due passi dai mari piú belli della costa del Sinis, avvicinata solo da chi andava a riempirla di detriti: per riscattarla dal degrado è stato sufficiente ripulirla da tutti i segni di intervento umano, lasciando in piena vista solo le pareti in arenaria dorata, squadrate e incise dai dischi dei tagliatori, rimaste alte e imponenti come monoliti.

È nato cosí il Parco dei Suoni, un ambiente gioiello che merita di essere visto anche quando non vi si tiene nessun evento: sempre accessibile e perfettamente integrato alla macchia mediterranea e alle saline naturali circostanti, con ogni struttura che non supera mai la linea dell'orizzonte, è un enorme recinto di pietra che ha l'autorevolezza di un monumento a cielo aperto e l'acustica di un grande teatro.

Time in Jazz.

Se per sentire gli artisti in Sardegna occorre muoversi secondo i loro percorsi, c'è un posto dove si è deciso di fare esattamente il contrario, offrendo le strade come auditorium e gli scenari naturali come sfondo stabile. Questo posto è Berchidda, una piccola comunità di tremila abitanti situata nella regione storica del Monte Acuto, in provincia di Olbia-Tempio. Da vent'anni questo paese per una settimana all'anno si lascia invadere pacificamente da un numero di visitatori dieci volte superiore a quello degli abitanti. La colpa è di Paolo Fresu, nato qui nel 1961, che ebbe l'idea di fare di questo paesino fuori da tutti i percorsi turistici e culturali una capitale mondiale del jazz. Sembrava il sogno nostalgico di un emigrante di lusso, la stessa velleità segreta di tutti i sardi andati via, che si dice portino per sempre dentro il terribile complesso del naufrago: quello di dover in qualche modo «tornare» e anche, per qualche misterioso motivo, «restituire». In generale si tratta di un pittoresco luogo comune, dato che capita piuttosto spesso che molti dei seicentomila sardi emigrati dall'isola poi non tornino comunque, neanche quando potrebbero. Ma Paolo Fresu in questo detto ci sta sicuramente dentro tutto, e in maniera esponenziale. Mentre la sua tromba risuonava nei templi della musica che conta, e addosso gli piovevano premi e collaborazioni prestigiose, lui sognava di portare il grande jazz tra le montagne del Limbara, che fino a quel momento avevano fatto l'eco solo ai versi *a tenore* dei famosi poeti cantori della vicina città di Ozieri. Adesso, nei giorni del Festival Time in Jazz le chiese e le piazze risuonano di note, ma si possono ascoltare i migliori *performers* del mondo anche negli stazzi, le antiche dimore pastorali, alla fine di qualche fortunata notte nelle foreste del Limbara e sulla piccola locomotiva a scartamento ridotto che passa vicino a Berchidda. Con una scelta simbolicamente molto intensa, Fresu ha voluto la musica anche su quel pezzo di territorio in movimento che è il traghetto dal continente all'isola. Per capire che cosa significhi portare il jazz sul traghetto da e per la Sardegna sarebbe necessario anzitutto comprendere cosa rappresenta il traghetto nell'immaginario collettivo dei sardi. Le parole giuste sono quelle dello scrittore Marcello Fois:

> Io ho visto molti traghetti. Ne ho sentito l'odore di nafta, ne ho toccato i legni viscidi di salsedine. Ho attraversato molte volte quella passerella dal Tutto al Nulla basculante, per poi rientrare in un altro Tutto, che è il Mondo questa volta. Ho dovuto capire presto che attraversare quella passerella era il modo per abitare l'altrove. Io so che c'erano giorni terribili quando su quel traghetto si saliva per conoscere gli ospedali, per trovare un lavoro, per sostenere un concorso. C'erano anche albe bellissime del tutto rovinate dall'angoscia per la partenza, che era strada da percorrere e mare da navigare. Io ho visto quei giorni lí, quando anche la gioia per l'avventura si trasformava nella stretta per la navigazione, quando l'entusiasmo per quanto ci aspettava oltremare era appannato da un senso inenarrabile di solitudine. Io ci sono salito spesso su quelle passerelle per passare da me a me. Con terrore entusiastico e con la stretta alla gola che ti afferrava non appena il traghetto cominciava a vibrare, che da lí in poi si andava e non era possibile tornare indietro. Quando si par-

te non si torna piú, quando si nasce non si può andar via. Prigione marina e mare autostrada. Del resto non è proprio il mare che rende un'isola un corpo a sé?

L'intuizione forse piú innovativa di Fresu è stata proprio questa: rendere il jazz un viaggiatore sul mare, un emigrante al contrario, un clandestino desideroso di accoglienza che arriva attraverso il mezzo che la maggioranza dei sardi conosce prevalentemente come simbolo dell'addio, della partenza controvoglia. Alla fine del festival gli appassionati ripartono, ma la musica rimane sull'isola: per chi vuole coltivarne l'arte, Paolo Fresu è anche direttore di *Seminari Nuoro Jazz*, un laboratorio musicale permanente che rappresenta il solo esempio in Sardegna di formazione altamente qualificata alla musica moderna.

Ballo a tre passi.

Il ballo sardo è ancora molto praticato sull'isola. A vederlo per la prima volta potrebbe apparire un saltellio sincopato eseguito sul ritmo ipnotico di una musica con poche varianti. Invece si tratta di una sequenza di passi ritmici, che può essere anche estremamente complessa, variare da paese a paese anche di molto, richiedere sempre abilità notevoli e costare comunque una fatica fisica considerevole, visto che le musiche su cui viene eseguita raramente durano meno di dieci minuti, e portano spesso a concludere la danza con il fiato grosso. Quasi tutti i balli sardi sono collettivi ed esistono danze eseguite senza fare distinzioni di sesso, ma questo non deve ingannare. La coppia è comunque l'unità minima di esecuzione di molti dei balli locali. Le modalità sono piuttosto curiose rispetto ai tradizionali balli in coppia di altre regioni; i danzatori infatti non si guardano mai in viso e stanno affiancati, aderendo l'uno all'altro con un lato del corpo attraverso l'intreccio stretto delle braccia, espediente che consente di muoversi al ritmo della musica come se si fosse un corpo solo; le coppie migliori sono quelle in cui la differenza di altezza tra i partner non è eccessiva. A causa dell'intimità implicita che si stabilisce tra i danzatori di ballo sardo, fino agli anni Sessanta molte associazioni cattoliche in Sardegna scoraggiavano le proprie associate nubili dal ballare con chiunque non fosse parente stretto, ma evidentemente non erano in molte a dar retta al divieto, visto che la struttura della danza tradizionale si è conservata praticamente in tutta l'isola, seppure con diversi gradi di diffusione. Un'altra caratteristica del ballo sardo è quella che vede la figura maschile come genericamente dominante nell'esecuzione. Infatti, mentre il passo base è identico per entrambi i danzatori, nelle intersezioni musicali che prevedono uno spazio all'improvvisazione l'uomo ha piena libertà di esecuzione come solista, mentre la donna lo attende continuando ad eseguire la sequenza piú semplice. Questo spesso fa sí che i balli in piazza si trasformino in vere e proprie competizioni di abilità, ed è anche il motivo per cui nelle feste paesane vengono sovente chiamati ad esibirsi gruppi di ballerini di altri paesi, per permettere agli spettatori di ammirare nuove costruzioni di passi, che variano da zona a zona della Sardegna. Solitamente è la fisarmonica o lo strumento delle *launeddas* ad accompagnare il ballo sardo, molto piú raramente il canto, e la struttura della melodia ricorda molto quella delle danze celtiche e scozzesi.

L'origine delle danze sarde è quasi sicuramente rituale, probabilmente a scopo propiziatorio o di fertilità. Ma è attestato anche un uso terapeutico analogo a quello della tarantella nel Salento, legato alla cura del morso di ragno, anche se in Sardegna questa forma di scongiuro è priva di carattere estatico; quello che colpisce del modo di danzare sardo è infatti la sua estrema codificazione e il fatto che per praticarlo siano considerate virtú indispensabili la serietà, il rispetto delle regole e l'ordine della composizione coreografica, che resta fondamentale anche al culmine del parossismo della musica. Le forme piú antiche di ballo sono sicuramente quelle in tondo, nate attorno al fuoco, praticate ancora nel centro Sardegna in occasione della festa di Sant'Antonio che dà inizio al carnevale barbaricino. È curioso osservare come per circa una ventina d'anni, tra gli anni Ses-

santa e gli Ottanta, il ballo sardo abbia subito una crisi che lo
ha interessato proprio come elemento identitario. Le nuove generazioni non lo imparavano piú proprio per le sue implicite va-
lenze di appartenenza, come se attraverso il rifiuto di quello e
diversi altri simboli di riconoscibilità fosse possibile rinnegare
un'identità collettiva problematica, per riconoscersi in simboli
meno isolani, e quindi meno isolati. Paradossalmente il ballo
sardo ha cominciato a rivedersi, anche nelle piazze da cui era
scomparso, solo quando il suo valore semantico è stato smonta-
to e folklorizzato, quando anche i sardi stessi hanno cominciato a guardarlo come un elemento esotico, appartenente a un'i-
dentità esorcizzata.

7.

Indipendenza
Tutti i padroni di una nazione senza stato

Provincia di Olbia-Tempio,
regione storica della Gallura,
comune di La Maddalena.

Provincia di Oristano,
regione storica del Campidano di Oristano,
comune di Cabras.

Provincia di Cagliari,
regione storica del Campidano di Cagliari,
comune di Cagliari.

Provincia di Nuoro,
regione storica della Barbagia,
comune di Orgosolo.

Hai buone ragioni per darti alla macchia, ma fra un milione e mezzo di tuoi simili nati, loro sí, tutti alla macchia? Distinguerti non puoi, staccarti neanche, il passo incrocia altri passi, non c'è nascondiglio né tana, né caverna né folto di macchia. Basta col fare e disfare bagagli, rendersi schiavo per impugnare il remo.

Gavino Angius, *Cartas de Logu*.

Una delle prime cose che colpiscono chi percorre le strade della Sardegna è l'abbondanza di scritte e grafici che richiamano istanze autonomiste, sparsi su ogni muro pubblico e cavalcavia che si incontra. Il piú delle volte sono semplicemente sigle e simboli di formazioni politiche a vocazione indipendentista, non sempre decodificabili a un occhio estraneo all'isola; spesso però si tratta di frasi piú esplicite, rigorosamente scritte in sardo, che formulano richieste o ammonimenti precisi. Tra le piú frequenti figurano la chiusura delle basi militari e la riduzione della presenza americana sul suolo sardo, il rifiuto della privatizzazione dell'acqua, la precisazione che «la Sardegna non è in Italia», la liberazione per non meglio specificati detenuti in carcere a causa della sedicente lotta patriottica, o piú genericamente, libertà per l'isola. È da anni che i movimenti indipendentisti sardi non raggiungono percentuali sufficienti ad avere una qualche rilevanza politica, nemmeno se messi insieme, il che potrebbe far pensare che le loro istanze non siano rappresentative di un sentire diffuso. Invece basta parlare con qualche sardo per rendersi conto, seppure con diverse sfumature, che esiste in tutta l'isola la consapevolezza di essere portatori di un'identità collettiva dai tratti comuni, una sorta di spirito di popolo che non si estende al resto d'Italia, e che ha fatto spesso definire la Sardegna una «nazione senza stato». Le ragioni, escluse quelle banalmente geografiche, sono sicuramente legate al percorso storico del tutto particolare dell'isola rispetto all'Italia, e che ha fatto sí che oggi le manifestazioni di insofferenza nazionalistica, pur sembrando analoghe a quelle che si possono osservare da altre parti, in realtà si sviluppino da posizioni differenti e abbiano radici piú profonde. È nella storia la chiave per entrare in questo aspetto dell'identità sarda, che spesso ha risvolti confusi e conflittuali; i sardi stessi infatti conoscono poco o nulla la storia che li riguarda, dato che fino a pochi decenni fa non esisteva ufficialmente alcuna «storia della Sardegna». Per cento anni, a partire dalla scolarizzazione popolare sull'isola, la storia della Sardegna la scrissero infatti gli storici piemontesi, e Sergio Atzeni insinuava amaramente con quale intento:

> Gli storici savoiardi tentavano di spezzare il filo che lega la sovranità dei sardi alla terra dei sardi; volevano dimostrare che quella sovranità è andata perduta piú e piú volte, fin da epoche antichissime; volevano dimostrare che eravamo «terra dell'impero», era l'unico elemento che giustificasse, secondo una distorta concezione del diritto, l'usurpazione savoiarda del titolo di Re di Sardegna. Gli storici savoiardi volevano far credere agli studenti sardi di essere fenici o punici, mirmilloni o mauri. Non sardi. Per gli storici savoiardi era meglio che i sardi immaginassero di non esistere. Meglio pensassero di essere figli di una patria che non sapevano neppure dove fosse.
>
> «In Barbaria però ci facevano nascere, – disse Cosimo Saba, custode del tempo negli anni di Bacaredda – in Mauritania, non in Atesia, non sul Reno. Negri ci facevano nascere, non bianchi».

Leggere la storia della Sardegna significa in qualche misura disporsi a leggere la narrazione di un lungo sopruso, che non può essere affrontato dai sardi solo come il risultato naturale degli scontri di forze e di civiltà, in tutto e per tutto simile a quelli subiti da altri popoli nel corso di tutte le epoche della storia nota. Capita che quando gli avvenimenti sono sufficientemente distanti nel tempo da non poterne apprendere altro che il racconto, anche cose come le dominazioni possano apparire un evento come gli altri, refrattario a qualunque considerazione etica, con i protagonisti che diventano ingiudicabili come fossero stati catastrofi naturali, terremoti e inondazioni, cose che capitano. Ma in Sardegna questo meccanismo di distacco non sembra per il momento possibile, perché le conseguenze del sopruso sono ancora talmente evidenti da non poter essere in nessun modo affrontate con neutralità. Tra queste è impossibile non includere gran parte della multiforme arretratezza dell'economia sarda, specie nel settore primario e in quello delle infrastrutture essenziali, ancora poco presenti e distribuite con gusto minimalista. Ci sono però segni meno evidenti di questa lunga abitudine ad essere parte forzata del popolo di qualcun altro. Il principale è sicuramente la convinzione sottesa che la soluzione dei guai dell'isola, quali che siano, debba necessariamente provenire dall'esterno, in una curiosa forma di attesa messianica che induce a comportamenti ambivalenti, oscillanti tra l'affermare orgogliosamente una presunta autonomia e il cederla contestualmente a chi capita, purché prometta in cambio sviluppo, e qualche volta anche semplicemente considerazione. Questa aspettativa infondata si è tradotta spesso in una accondiscendenza immotivata da parte delle amministrazioni locali nei confronti di quegli investitori non sardi che volessero fare affari di qualunque natura sull'isola, come se la semplice provenienza da oltremare conferisse uno status privilegiato, un bonus di credibilità che i sardi difficilmente sono ancora oggi capaci di riconoscere a se stessi. Anche quando l'interlocutore è un semplice visitatore senza smanie imprenditoriali, può capitare che si veda fatto oggetto della stessa ansiosa aspettativa, descritta molto bene dallo scrittore e umorista Nino Nonnis:

> Ci sono quelli che chiedono continuamente all'interlocutore se gli piace la Sardegna, se gli piacciono le donne sarde, se gli piace la sorella. Che bisogno c'è di sommare un giudizio lusinghiero in piú, se non per sorreggere un precario narcisismo, che ha bisogno di continue conferme. Nessun americano mi chiederà se trovo bella l'America, lo sanno già che è bella, hanno anzi la cultura del *more*, se manca un pezzo che il giovane passato non gli da, loro se lo costruiscono, completo di tutto, anche del braccio mancante della Nike.

Liberi per forza.

Ha ragione Nonnis: capita che ai sardi, fatte salve significative eccezioni, la possibilità di pensarsi autonomamente senza lo sguardo o l'intervento altrui faccia ancora molta paura. Il luogo simbolo di questa sudditanza identitaria e territoriale è l'arcipelago de La Maddalena con la relativa vicenda della smobilitazione della grande base della marina militare americana che per trentadue anni ha avuto sede nell'arcipelago. L'isola maggiore e quelle che la circondano costituiscono nel loro insieme un piccolo Eden, ora parco nazionale, dove per piú di tre decenni i pescatori e gli abitanti del posto hanno condiviso il mare e la poca terra a disposizione con il passo cadenzato dei marinai e le manovre dei sommergibili nucleari statunitensi, fino all'ennesima richiesta di cessazione dell'ingombrante servitú militare formulata con fermezza dalla Regione Sardegna. A questa richiesta, oltre al fatto che il territorio sardo fosse da decenni occupato dal 66 per cento del totale delle basi militari presenti in Italia, non erano probabilmente estranei i sospetti di un possibile collegamento tra la presenza delle armi nucleari e l'aumento dell'incidenza di tumori e leucemie tra la popolazione locale. Ciononostante, mentre in tutta l'isola si festeggiava il rientrato possesso di uno dei tratti di costa piú belli della Sardegna, la piccola comunità maddalenina non si dava pace per la partenza dei militari, al punto che persino i quotidiani nazionali riportavano le reazioni surreali della gente del posto, che non sembrava per niente ansiosa di ritornare padrona del suo invidiabile mare. Si legge su «la Repubblica» del 29 settembre 2007:

> Finita la guerra fredda, gli interessi strategici degli Stati Uniti e della Nato si sono spostati progressivamente in prossimità delle aree di crisi mediorentali. È stato cosí possibile liberare il parco nazionale dell'Arcipelago della Maddalena e delle Bocche da una presenza «ingombrante» che cesserà definitivamente alla fine di febbraio quando darà completato il trasferimento di tutto il personale e delle attrezzature statunitensi. Dopo la partenza della nave appoggio, squadre di sommozzatori, con ca-

mere iperbariche al seguito hanno cominciato la pulizia dei fondali lungo tutta la banchina che ha ospitato navi e sottomarini Usa. Mentre un'imbarcazione italiana, su iniziativa dei commercianti della Maddalena esponeva uno striscione già nostalgico: «Ci mancherete».

La cosa che fa specie nel caso maddalenino non è tanto la comprensibile preoccupazione degli abitanti per le ricadute economiche della dismissione della base militare, quanto il fatto che, in considerazione dell'enormità della risorsa resasi disponibile, la prima reazione non sia stata invece la valutazione di un possibile sviluppo autonomo, senza piú dover barattare pane con plutonio, quasi che la vera fatica non fosse in fondo ripensarsi, ma ripensarsi liberi. Lo stato attuale dell'arcipelago de La Maddalena è sempre quello di un paradiso, se possibile anche piú di prima, ma la sensazione che si respira è che le sue divinità anfibie lo abbiano proditoriamente abbandonato. Non emerge piú dal pelo dell'acqua il sommergibile Hartford mentre stendi i panni sul filo, con lo strano silenzio delle cose inanimate. Non ci sono piú i militari allegramente rumorosi in libera uscita per le strade e nei pub irlandesi che vivevano delle loro consumazioni. Il traghetto che collega l'isola a Palau non trasporta piú lunghe macchine dalle targhe astruse che pagano il doppio del biglietto rispetto alle automobili europee. Resta solo, si fa per dire, il mare turchese dell'arcipelago, uno dei piú limpidi del Mediterraneo e sicuramente il piú fotografato di tutta l'isola, che si sta lentamente riprendendo le rive, mentre le strutture in disuso della marina statunitense vanno assumendo la malinconica aria tipica dei luoghi in stato di abbandono. I progetti di riqualificazione promessi dalla Regione cominceranno presto, non fosse altro perché l'isola sarà sede tra mille polemiche del summit del G8 nel 2009. Al momento questa notizia è la sola cosa che sembra aver risollevato i maddalenini dal timore di morire dimenticati insieme alla loro nuova e ingombrante possibilità di autodeterminazione.

Baroni molto longevi.

Un posto dove l'aspirazione all'autonomia si è sviluppata in modo completamente opposto ai fatti de La Maddalena è la Peschiera di Pontis in provincia di Oristano, la piccola capitale virtuale del regno concretissimo dei pescatori di Cabras.

Quando si parla di storia sarda come storia di soprusi sociali e politici anche recenti, la cosa può facilmente passare per esagerazione ideologica, se non si è a conoscenza del fatto che l'esercizio dei privilegi feudali sull'isola si è interrotto di fatto solo nel 1973 proprio in questo paese lagunare, in seguito alla scomparsa misteriosa di Don Efisio Carta, l'ultimo rimasto tra i baroni del feudalesimo sardo. Don Efisio annoverava tra i suoi possedimenti privati svariati chilometri dell'attuale costa del Sinis, in particolare l'oasi naturalistica di Seu dove aveva la sua riserva di caccia, e l'intero stagno di Cabras con la sua peschiera, il piú grande d'Europa con i suoi 200 ettari di estensione. La scomparsa di Don Efisio nel 1973, equivocata inizialmente con un sequestro di persona prima che ci si rendesse conto che non sarebbe giunta nessuna richiesta di riscatto, arrivò al termine di una lunga lotta dei pescatori di Cabras per rientrare nel possesso libero dello stagno, in conformità ad una legge regionale del 1956 che stabiliva la cessazione di tutti i diritti esclusivi di pesca in acque interne detenuti da privati a qualunque titolo. La scomparsa fisica del padrone dello stagno agevolò di fatto la trattativa per il rientro in possesso della risorsa da parte della regione, che ne assegnò lo sfruttamento al comune di Cabras e ai suoi pescatori, costituitisi nel frattempo in un consorzio di cooperative che ancora opera sull'immenso specchio d'acqua.

Visitare la peschiera, a pochi chilometri dal paese, non solo dà la possibilità di osservare in un contesto intatto e suggestivo i pescatori al lavoro con le barche e con il sistema secolare delle camere della morte, ma anche di farsi raccontare dai molti testimoni ancora viventi la lotta, in quegli anni che altrove erano già di piombo, per ottenere il diritto apparentemente elementare di utilizzare collettivamente il proprio territorio.

Il sistema feudale in Sardegna non è paragonabile al feudalesimo vissuto dal resto d'Italia. Anzitutto perché storicamente si verificò con centinaia di anni di differenza, quando altrove il processo sociale ne aveva già decretato la morte storica, poi, soprattutto, perché il sistema baronale sardo è stato quello tipico delle colonie distanti dal proprio dominatore. Il nobile locale era solo un amministratore e non agiva nel proprio interesse, ma in nome di un soggetto economico e politico collocato altrove rispetto a dove il controllo veniva esercitato; questo ha comportato una politica di alto sfruttamento delle risorse senza la contropartita di alcun investimento costruttivo.

Per questo il feudalesimo in Sardegna, specie nella sua ultima coda monarchica legata al Regno sardo piemontese, è un fenomeno che si comprende solo per sottrazione: è stato tanto più incisivo quanto meno tracce di sviluppo ha lasciato dietro di sé. Laddove altre dominazioni dei secoli precedenti avevano segnato il territorio con città, monumenti e strade in parte ancora in uso, il sistema baronale in Sardegna ha edificato solo lo stretto indispensabile alle proprie esigenze, soddisfatte le quali non sono rimaste sull'isola altro che assenze esplicite e i silenzi vuoti di una terra depredata: chi volesse vedere i tesori del feudalesimo sardo troverebbe indubbiamente maggiori testimonianze nei palazzi storici piemontesi, dove sui pavimenti in granito rosa della Gallura le dame e i funzionari del Regno di Sardegna danzavano bevendo malvasia.

Il feudalesimo dell'isola può essere avvicinato con verosimiglianza, più che al Medioevo italiano, al dominio dei *don* in Messico per conto della corona di Spagna, e questo spiega anche perché si è protratto così a lungo nel tempo, sebbene la sua messa in discussione fosse in atto già da diversi secoli ad opera dell'intellighenzia sarda. Ne è testimone l'inno *Su patriottu sardu a sos feudatarios* (il patriota sardo ai feudatari), meglio noto con il titolo minaccioso di *Procurade 'e moderare* (badate di moderare), scritto dal poeta ozierese Francesco Ignazio Mannu nel

1795 come critica feroce al sistema feudale. Il poema, considerato in tutta l'isola come la cosa piú simile a un inno nazionale che la Sardegna abbia mai avuto, si diffuse enormemente per via della sua costruzione in rima, facile da ricordare anche per la gente analfabeta, e per il contenuto di livello poetico davvero altissimo, nonostante il tema prosaico. Tuttavia è curioso osservare come anche in questa opera emerga con chiarezza l'ambivalenza dello spirito autonomista sardo, che sembra arrivare sempre fino a un certo punto nel mettere in discussione la propria sudditanza. Infatti, pur essendo la casta dei baroni locali fortemente sostenuta dal governo sabaudo, che beneficiava in tutto e per tutto del sistema di sfruttamento organizzato da secoli sul territorio dell'isola, il testo dell'inno non è affatto antimonarchico, ma sorprendentemente è solo antifeudale, come se le due cose non fossero state una espressione dell'altra. In Sardegna, infatti, l'attaccamento popolare alla casa reale sabauda fu sempre radicale, tanto che i dati ufficiali relativi al referendum costituzionale del 1946 lasciano emergere come nell'isola la monarchia vinse con un numero nettamente maggiore di suffragi (nella sola Cagliari prese il 72 per cento delle preferenze), e con percentuali decisamente superiori anche al resto del meridione monarchico. I nomi dei Savoia continuarono per decenni ad essere usati come toponimi nelle città sarde – l'arteria principale dell'isola viene chiamata ancora familiarmente la «Carlo Felice» – nonostante la monarchia non avesse mai manifestato alcun particolare attaccamento all'isola, tentando anzi di disfarsene usandola come moneta di scambio per ottenere altri territori.

Quello che i sardi identificarono come il peggiore nemico del loro sviluppo fu sempre l'ultimo anello della catena, il barone locale, che nella concezione popolare era quello che imponeva il tributo a sua discrezione e depredava le risorse per sé, senza reinvestirne gli utili sul territorio a beneficio dei sardi e del regno: «che il Regno vada bene o male, a loro non importa niente, anzi ritengono conveniente non farlo affatto prosperare», scriveva Mannu sdegnato, rivendicando invece come onore la cura che gli abitanti della Sardegna al Regno hanno sempre fedelmente tributato.

All'equivoco di dover contribuire al «regno» in misura maggiore di tutti gli altri proprio in quanto sardi si è rimasti vincolati per molto tempo. L'espressione piú emblematica di questa dedizione è il modo in cui i sardi hanno inteso in tutto l'arco delle guerre italiane la loro partecipazione alle imprese militari, pensiamo alla leggendaria Brigata Sassari soprattutto con la peculiarità della caratterizzazione regionale: si tratta infatti degli unici reggimenti di fanteria composti interamente da persone della stessa provenienza: sardi. Anche se l'inno della Brigata Sassari *Dimonios* (Diavoli) resta una delle suonerie per cellulare in assoluto piú scaricate dai giovani dell'isola, attualmente ogni residua simpatia storica per il regno e i suoi regnanti è scomparsa del tutto dopo che sono state rese note le parole offensive rivolte ai sardi da Vittorio Emanuele, finite sui giornali in seguito alla trascrizione di una telefonata intercettata nel giugno 2006 durante le indagini che lo vedevano coinvolto per sfruttamento della prostituzione, associazione a delinquere e corruzione. Quell'offesa spinse molti comuni sardi, tra i quali anche Nuoro, a modificare con sdegno la toponomastica cittadina, detronizzando definitivamente i Savoia anche dagli indirizzi postali dell'isola.

Il giorno della Sardegna. Piú o meno.

Il fatto che per molti anni il percorso storico della Sardegna non sia stato né scritto né studiato non ha mai consentito agli eventi di costituire memoria certa e collettiva per i suoi abitanti, che nel tempo si sono abituati per proprio conto ad avere dimestichezza piú con le storie che con la Storia. Del resto apprendere che il proprio passato è un lungo elenco di sottomissioni rende l'atto stesso del fare memoria un evento volentieri rimandabile; questo innegabile disagio lo scrittore e antropologo Giulio Angioni lo mette in bocca al vecchio padre di Sigi-

smondo Arquer, l'intellettuale cagliaritano morto sul rogo del-
l'Inquisizione nel 1571:

> Ricordo la faccia di mio padre quando ha letto la mia *Sardiniae brevis
> historia et descriptio*. Mi ha guardato a lungo, poi si è messo a fare certe
> sue considerazioni. La storia, dice, quella conviene studiarla che so, ai ro-
> mani, ai greci, agli spagnoli, magari anche ai pisani e ai genovesi, magari
> anche a molti altri, che gli fa piacere, non a noi sardi. A studiare la sto-
> ria noi sardi non facciamo che arrabbiarci. Te l'immagini un sardo che
> legge la tua storia, per quanto *brevis*? È lí tutto accigliato, solo ogni tan-
> to gli esce un piccolo sorriso, ma sardonico. Sí, un sardo che si informa
> della sua storia, si arrabbia. E ci da sotto a sapere contro chi, ma sono co-
> sí tanti che ci perde il conto, di tutti questi secoli di guai.

Questa considerazione sul legame doloroso dei sardi con la
loro storia ha sicuramente un peso rilevante nella genesi della
maggior parte dei movimenti indipendentisti o autonomisti del-
l'isola, che sorgono il piú delle volte dalla ritrovata consapevolezza di essere stati – e per certi versi esserlo ancora – terra cal-
pestata: cambiavano i piedi dell'invasore di turno, ma la pressione restava invariata. Le sigle nate dalla rabbia spesso hanno
finito per comunicare in modo rabbioso anche le loro istanze,
squalificandole agli occhi degli stessi sardi al punto da non gua-
dagnarsene mai la fiducia, se non in percentuali politicamente
inservibili. Va da sé che non tutti questi soggetti alla fine abbiano intravisto nei percorsi democratici la via piú funzionale
allo scopo, optando nei casi piú radicali per posizioni anarco-
insurrezionaliste. Fu il rapporto del Sisde al Parlamento sul ter-
rorismo interno a qualificare ancora nel 2005 l'area sommersa
del movimentismo anarchico sardo come una realtà «tra le piú
attive interpreti delle logiche di propaganda armata».

Questo modo univoco di presentare l'attivismo territoriale
sardo ha sortito nell'opinione pubblica nazionale l'effetto di far
equiparare, senza sfumature, tutte le istanze di aspirazione autonomista dell'isola a una qualche forma di eversione. Ed è paradossale, se si considera che l'unica festa regionale della Sardegna che faccia memoria di un evento storico celebra proprio
un'insurrezione di popolo contro il potere costituito che rifiu-
tava di concedergli autonomia decisionale su di sé. La festa è

denominata *Sa Die de sa Sardigna*, il giorno della Sardegna, e si celebra ogni anno il 28 aprile in ricordo dei cosiddetti vespri sardi del 1794, ovvero la sommossa con la quale il viceré piemontese e i suoi cortigiani vennero cacciati dalla popolazione e costretti ad imbarcarsi dal porto di Cagliari. In occasione della ricorrenza succede una cosa che ad occhi esterni può apparire abbastanza curiosa: a causa del vuoto di memoria dei sardi su se stessi, si svolgono in tutta l'isola manifestazioni tese non tanto a festeggiare un ricordo comune che non esiste, quanto a costruire il ricordo stesso, spiegando alla gente perché in quella data ci sia qualcosa che valga la pena festeggiare insieme. E tutto attraverso iniziative volte a sviluppare la conoscenza della storia e dei valori dell'autonomia dell'isola, soprattutto nelle scuole e tra i giovani.

Di fatto la ricorrenza viene sempre piú percepita come la festa nazionale sarda, e questo era probabilmente anche l'intento sotteso dei legislatori che nel 1993 la indissero, nonostante le mille polemiche legate alla possibilità di irritare gli organi istituzionali italiani. Secondo i detrattori infatti, questo avrebbe potuto alimentare la già fin troppo presente aspettativa di autonomia totale dal resto d'Italia. In ogni caso, qualunque cultura miri a costruire la ricorrenza de *Sa Die de sa Sardigna*, il governo italiano per non alimentare illusioni nazionaliste ogni tanto ribadisce il concetto – l'ultima volta nel 2006 per bocca del ministro degli Affari regionali Linda Lanzillotta – che un popolo sardo sovrano non esiste.

Ogni 28 aprile nella città di Cagliari è possibile comunque vedere, tra le altre cose, la suggestiva rievocazione in costume della cacciata dei piemontesi, rappresentata tra le vie dei quartieri storici in cui realmente i fatti si svolsero. Nonostante la maggior parte delle rievocazioni storiche nel resto dell'anno sia fatta a beneficio dei turisti, questa è un'eccezione, perché rientra nel novero delle cose che i sardi fanno soprattutto per se stessi, visitatori per un giorno della loro stessa storia.

Agridipendenza.

Le istanze di indipendenza o di autonomia sarda vengono spesso motivate con il richiamo all'appartenenza identitaria, finendo talvolta per proiettare nel contenitore aperto dell'identità molti elementi stereotipati, talvolta piú presunti che reali.

Il luogo simbolico dove meglio si incarna questa falsa autorappresentazione è l'azienda agrituristica. Nessuna forma di accoglienza in Sardegna è piú diffusa dell'agriturismo; nel 2007 il registro regionale contava quasi 700 aziende iscritte, a cui va sommato un numero imprecisato di operatori spontanei, che anche se non hanno abbastanza terra per figurare alle Camere di Commercio, l'agri-accoglienza la fanno comunque.

L'agriturismo è il luogo dove la tradizionale ospitalità sarda si sublima in un affare economico senza intermediari, offrendo al turista un assaggio bucolico di quella che le agenzie chiamano volentieri *la Sardegna piú autentica*. Il piú delle volte si assaggiano cose gustose spacciate per tipiche, quando per «tipico» si voglia intendere il porcetto/capretto arrosto che gli abitanti dell'isola mangiano in linea di massima solo per le festività maggiori, e che invece nell'immaginario del turista di passaggio costituisce probabilmente il nutrimento principe del sardo Doc. Le accezioni dell'aggettivo «tipico» vengono infatti molto spesso modificate secondo le aspettative che hanno gli ospiti sulla presunta sardità, arrivando cosí a confezionare gustose rappresentazioni ad uso e consumo dei visitatori estasiati, che tornano a casa propria convinti di essere penetrati, loro soli, nel cuore inaccessibile dell'isola.

Un esempio di questa redditizia messa in scena è il cosiddetto «pranzo con i pastori», un business che ha preso piede specialmente in Barbagia, Ogliastra e Gallura, dove abbondano greggi e località adatte allo scopo. I turisti vengono fatti salire su potenti fuoristrada e condotti attraverso lunghi tratti di macchia e foresta, secondo un tragitto dove persino la scarsa densità demografica sarda – meno di 70 abitanti per chilometro

quadrato – sembra esagerata, fino a raggiungere un luogo iso-
lato dove in genere un rustico funge da punto di ristoro e una
mezza dozzina di uomini arrostisce all'aperto carne di porcetto a sufficienza per tutti. Durante il tragitto le guide preparano i visitatori all'incontro attraverso opportuni racconti di sequestri ambientati in quella natura intricata e rigogliosa, inaccessibile a chi non la conosca piú che bene come i pastori. I
facoltosi villeggianti della Costa Smeralda apprezzano il sottin-
teso brivido del rischio, al punto che il «pranzo con i pastori»
è diventato un appuntamento irrinunciabile, dove la completa
assenza di comodità o standard igienici da ristorante alla moda
costituisce motivo di attrattiva e di vanto con gli amici rimasti
a Porto Cervo.

Questo particolare tipo di escursione ha triplicato in dieci
anni i numeri dell'allevamento dei suini nel centro Sardegna e
ha dato lavoro ai molti giovani senza occupazione che nelle cam-

Figura 8.
Pinnetta, casa pastorale nuragica.

pagne recitano la parte dei pastori tipici a beneficio dei turisti, mentre gli allevatori veri stanno appresso al bestiame insieme ai loro servi pastori, sempre piú spesso rumeni anziché sardi. L'ambiente naturale intatto della montagna dell'interno rende la sceneggiata non solo credibile, ma talmente piacevole che la differenza tra vero e verosimile potrebbe a quel punto risultare del tutto irrilevante.

Però è difficile credere che l'indipendenza sarda possa passare per la dipendenza da questa immagine dell'isola, tanto falsa quanto facilmente commerciabile. L'agriturismo praticato in questa maniera è l'evoluzione economicamente abbordabile del soggiorno costasmeraldino, con le sue villette finto tipico, le sue stradine in pietra finto rustica e i suoi giardini in finta macchia mediterranea, irrigati con sofisticati e invisibili sistemi di distribuzione dell'acqua, mai stata cosí abbondante in Sardegna. Un'evoluzione redditizia e in via di espansione, che trova sempre piú estimatori tra i sardi stessi, non sempre consapevoli di cosa sia necessario sacrificare in cambio di questa identità prestata. Sono le parole dello scrittore sassarese Alberto Capitta a tratteggiare meglio di ogni altra spiegazione il senso amaro e sottile che accomuna l'indipendenza alla libertà di poter essere sardi solo per se stessi, senza sospingersi a vicenda a «fare i sardi» per altri:

> È la memoria della foresta ad accompagnare la solitudine dei sardi, a far loro compagnia in mezzo alla campagna come nell'abitacolo di una automobile, tra la folla o al chiuso degli appartamenti. Forse è questo che risale in loro di tanto in tanto come il segno di una antica spiritualità, una spiritualità arcaica confusa adesso nel clamore di un bar o nella ressa degli ipermercati. Non che ciò comporti una maggiore consapevolezza. Non che ciò implichi uno stile di vita. Gli abitanti di questa terra spesso vivono la stessa vita degli abitanti di una qualsiasi altra terra in Italia, o in Europa, o in Australia. D'altra parte i modelli a cui si rifanno sono esattamente gli stessi: seguono quiz e partite di calcio alla televisione, fanno la fila ai bancomat, vanno in aereo, giocano in borsa, organizzano villeggiature e preparano il natale. Ma basta una leggera pausa di riflessione, basta un attimo di scoramento, una serata storta o un pizzico di tristezza perché loro sentano risalire dentro il fiato dell'identità. Niente di particolare. Solo un soffio, una leggera corrente. Ma in quel soffio c'è la sof-

ferenza della colonia, c'è l'infelicità di fondo di una terra privata da sempre della sua sovranità, c'è un racconto notturno che non smette mai, ed è il racconto dell'isola dalla notte dei tempi. Questo è ciò che si portano dentro gli abitanti della sardegna, consapevoli o no, ciò che emana dai loro volti quando lavano i piatti o servono il secondo e la frutta ai turisti della Costa Smeralda, ridotti come sono ormai a un popolo di camerieri, ridotti come sono spesso ad invocare uno straccio di cementificazione sulle proprie coste pur di ottenere in cambio l'elemosina di una occupazione senza alcun futuro.

La consapevolezza di essere in qualche modo portatori sani di questa sudditanza è l'altra faccia dell'aspirazione collettiva a non voler giacere di nuovo sotto il controllo di nessuno. Il fatto che questo desiderio comunitario si coniughi quasi sempre solo in estreme forme di individualismo favorisce naturalmente l'esito opposto. Questa inclinazione la stigmatizzò Emilio Lussu, il fondatore del Partito sardo d'Azione, una delle poche sigle politiche dell'isola contenenti la parola «sardo» a non aver mai avuto aspirazioni indipendentiste. Secondo Lussu l'aspirazione all'autodeterminazione è il peccato originale dei sardi, ed era a suo avviso destinato a risolversi sempre in una frustrazione:

> Ma questa unità psicologica non ci ha mai unito, né ci unisce tuttora. Poiché la disunione è la prima nostra impronta. Noi siamo tutti, e i nostri figli lo saranno certamente meno di noi, malamente individualisti, con tutti i guai che l'individualismo, questo orgoglio mal piazzato comporta. È che ci sentiamo d'essere una nazione mancata, senza ancora avere la piena coscienza o senza voler riconoscere che così doveva essere né poteva essere diversamente, che un'isola così piccola, rispetto alle grandi isole degli altri mari, con questa sua posizione nel Mediterraneo, non poteva in nessun secolo vivere indipendente e sovrana. Questa nostra ostinazione a non voler ammettere la fatale sconfitta collettiva come popolo ci ha offerto solo la rivincita d'un ripiegamento sulla personalità del singolo.

Nonostante l'autorevolezza di questo giudizio, quel «soffio» di cui scrive Capitta in molti sardi ancora c'è.

8.
Cibo
Qualcosa da mangiare insieme. Oppure niente

Provincia di Sassari,
regione storica del Logudoro,
comune di Osilo.

Provincia di Oristano,
regione storica del Montiferru,
comune di Santulussurgiu.

Provincia di Lanusei,
regione storica dell'Ogliastra,
comune di Tortolí.

Provincia di Oristano,
regione storica del Campidano,
comune di Villaurbana.

Provincia di Oristano,
regione storica del Montiferru,
comune di Seneghe.

> Demmo la buonanotte ai nostri tre amici della ferrovia e andammo a letto. Eravamo in camera da un minuto o due quando la donna marrone bussò, e pensate, berretto nero ci aveva mandato su una delle sue pagnottine bianche. Ne fummo veramente commossi. Queste delicate piccole generosità sono quasi scomparse dal mondo.
>
> H. D. Lawrence, *Mare e Sardegna*.

Il cibo è la quintessenza della tipicità. Ovunque si vada in vacanza tutti vogliono mangiare «cose tipiche del posto», ma le cose realmente tipiche di un posto sono solo quelle che la gente prepara in casa per sé. Fino a sessant'anni fa in Sardegna, come del resto in tutte le economie agricole di sussistenza, di tipico c'era piú che altro la fame, messa a tacere con piatti poveri e semplici, prevalentemente a base di legumi, e assai piú raramente con le leccornie di pesce, carne e dolciumi che costituiscono attualmente il menu giornaliero di ristoranti e aziende agrituristiche. Figlia di questa memoria di fame recente è sicuramente l'abitudine di portare a tavola, ora che ce n'è la possibilità, quantità sproporzionate di cibo, di cui le massaie sarde coprono le mense al grido collettivo di «meglio che ne avanzi piuttosto che ne manchi».

In Sardegna tutte le pietanze veramente tipiche sono nate dall'adattamento e dalla penuria di materie prime; per esempio il famoso porcetto cotto in una buca sottoterra non è figlio di un qualche gusto isolano per le preparazioni complicate, quanto della necessità di mangiarsi il frutto di un furto senza farsi troppo notare. Non ha molto senso cucinare oggi in quel modo un maialetto legittimamente acquistato al supermercato o dall'allevatore, e infatti non lo fa nessuno, a meno che non si voglia far credere al visitatore, per accattivarselo turisticamente, che in tutta l'isola all'ora di pranzo si scavino comunemente buche nel terreno per arrostirci i porcellini.

L'aragosta alla catalana, sedicente piatto tipico di Alghero,

viene servita con abbondanza di cipolle e pomodori fino a coprirne completamente il gusto delicato, perché quando si andava a pesca e si restava in mare per molti giorni si consumavano
in quel modo i crostacei che morivano a bordo, per coprirne l'o-
dore di stantio con gli ortaggi odorosi.

Secondo lo stesso principio le sfoglie croccanti del carasau,
che oggi la fanno da padrone sulle tavole piú ricercate, erano
l'unico modo che avevano i pastori per riuscire a mangiare pane non raffermo quando stavano per giorni lontano da casa alla ricerca di un pascolo grasso a valle per il bestiame.

Al di là delle oggettive difficoltà che poi hanno portato alla
nascita di quelle che oggi sono leccornie da buongustaio, la lunga povertà ha lasciato nei sardi un atteggiamento rituale collegato al cibo, che obbedisce al comandamento inderogabile della condivisione. Tutto il cibo della casa va diviso, sempre e comunque, con chiunque capiti: nessun ospite esce mai da una
visita a mani vuote. La scrittrice Amelie Posse racconta di questo atteggiamento come della prima cosa che fosse possibile notare dei sardi, quando ancora non era nemmeno arrivata sull'i-
sola:

> Già sul treno ebbi il primo assaggio del loro senso di generosità e ospi-
> talità, la qual cosa mi fece una grande impressione. Ci eravamo appena
> presentati che cominciarono ad aprire i cestini e ad offrirmi da mangia-
> re: si rifiutavano di mangiare se io non gli facevo compagnia.

L'uso comune ancora oggi è che si spargano tra vicini e conoscenti le eccedenze di ogni grazia alimentare, dalla frutta colta nell'orto ai dolci fatti in occasioni di feste particolari, fino al
vino e all'olio di produzione domestica, in una curiosa processione che vede le persone entrare e uscire dalle case spesso con
delle sporte in mano. Questa pratica di mutua solidarietà, che
in passato ha salvato dall'indigenza molte famiglie, oggi resta
come una discreta forma di amicizia civica che può stupire non
poco il visitatore occasionale, ignaro del proverbio che motiva
e giustifica ogni donazione: *in su bucconi pretziu s'angelu si dui
sezzit*, «tra due che condividono anche solo un boccone sta seduto un angelo».

L'avidità e l'avarizia sono considerate infatti segni di catti-vo auspicio, oltre che di pessima educazione allo stare insieme. Strettamente legata alla cultura del cibo è la dimensione della festa e dell'ospitalità, che spesso si esprime interamente pro-prio nelle varie fasi di ricerca, preparazione e condivisione del-la roba da mangiare. Il visitatore che diviene ospite presso una famiglia, specialmente in Barbagia, verrà immerso in una realtà parallela che ha la doppia funzione di accoglierlo come un fra-tello perduto e ribadire al contempo la sua condizione di sostan-ziale estraneità al contesto. Non gli si farà pagare niente di quel-lo che mangia e gli verrà offerto il meglio di quanto è possibi-le, fino al momento in cui se ne andrà, carico di strenne e forse convinto che ogni giorno in Sardegna lo standard di vita sia quello che i suoi ospiti gli hanno fatto sperimentare senza ri-sparmio. Naturalmente le cose non stanno esattamente cosí, ma anche dove questo modo di accogliere è meno marcato, condi-videre il cibo resta la maniera principale di stare insieme.

In Campidano questo atteggiamento si concretizza nel co-siddetto «spuntino», che a dispetto del diminutivo consiste in una pantagruelica mangiata rustica con non meno di dieci con-vitati, solitamente consumata nelle case di campagna o nei se-minterrati delle abitazioni cittadine. Negli «spuntini» si festeg-giano promozioni e fidanzamenti, si stilano le candidature po-litiche e si concludono gli affari piú vantaggiosi, innaffiati da una quantità adeguata di vino.

Il consumo di vino non è oggetto di alcuna riprovazione so-ciale in Sardegna, ed è anzi considerato segno di maturità gra-dirlo, consumarlo e soprattutto reggerlo bene; è infatti visto con disprezzo solo chi mostra di non conoscere il proprio limite nel bere. Questo disprezzo non tanto per il vino quanto per la per-dita di sé apparve evidente anche a Lawrence quando si fermò in una locanda nel paese di Sorgono, e poté osservare che tipo di atteggiamento veniva riservato a chi esagerava:

> Fui sorpreso dal disprezzo, tollerante eppure profondo, col quale que-sti tre uomini nella stanza da pranzo parlavano di quegli altri nella stan-za. Com'era sprezzante, quasi mordace, l'autista contro l'alcool. Era evi-

dente che lo odiava. E sebbene avessimo tutti le nostre bottiglie di vino rosso gelato, e bevessimo tutti, pure i sentimenti dei tre giovani contro l'ubriachezza vera e propria erano profondi e ostili, con una certa ardente avversione *morale* che è piú nordica che italiana. E storcevano le labbra con vero disgusto per il girovago, per la sua insolenza e per la sua impudente aggressività.

Questo curioso slittamento che porta a fare differenze di tolleranza tra la materia alcolica e le sue conseguenze non è senza risvolti: infatti, nonostante le statistiche affermino che la percentuale di sardi che consumano quotidianamente alcolici – circa il 26 per cento – sia una tra le piú basse d'Italia, non si tratta di un dato omogeneo in tutte le regioni dell'isola; alcune registrano un'incidenza nel consumo ben piú che congrua rispetto alla densità demografica, e non a caso la Regione Sardegna promuove spesso massicce campagne antialcolismo per limitare almeno in parte la cultura dell'abuso. L'operazione non è facile in un contesto dove andare al bar a tutt'oggi significa partecipare alla vita sociale. Perciò si può decidere tranquillamente di andare a caccia di sapori nell'isola, ma tenendo sempre presente che per il sardo il cibo è principalmente accoglienza e condivisione, e solo dopo, eventualmente, business; senza nulla togliere al fatto che le produzioni agroalimentari siano il fiore all'occhiello dell'economia sarda. Per questo il percorso suggerito prende in considerazione solo alimenti che i sardi mangiano davvero nella quotidianità, escludendo tutti quei cibi che si trovano esclusivamente al ristorante a beneficio del turismo enogastronomico.

Formaggio, l'oro sardo.

Quando si assaggia un pezzo di pecorino stagionato e si sente piano piano spandersi in bocca il retrogusto intenso di legno aromatico, di latte grasso e delle erbe spontanee del pascolo, si capisce senza sforzo perché tutto il mondo impazzisca per questo formaggio, in assoluto il piú esportato all'estero tra quelli italiani Dop. Merito della pecora di razza sarda, che rappresenta ancora una delle risorse economiche piú significative dell'isola, oltre che una delle piú riconosciute a livello nazionale. Non è un caso se sono legati all'allevamento ovino ben quattro dei cinque prodotti sardi tutelati dal marchio Dop: tre formaggi (Pecorino Sardo, Pecorino Romano e Fiore Sardo) e la carne dell'agnello locale allevato allo stato brado. Per farsi un'idea con i numeri, basti sapere che in Sardegna attualmente pascolano oltre cinque milioni di capi, piú di quelli dell'intera Spagna, dal cui latte vengono prodotti ogni anno circa seicento mila quintali di formaggio per un valore di 315 milioni di euro, un quarto del fatturato agroalimentare complessivo dell'isola, con un trend in continua crescita anche in barba alle epidemie di «lingua blu» che ogni tanto decimano le greggi.

Niente di cui stupirsi pertanto se percorrendo le strade della Sardegna in lungo e in largo le pecore risultano essere l'elemento piú diffuso del paesaggio, e se anche sulle tavole piú semplici non mancano mai i formaggi, la cui bontà dipende in gran parte dall'alimentazione del bestiame, costituita da essenze ed erbe spontanee, scelte dagli animali stessi lasciati liberi di consumarle al pascolo brado.

La metà della produzione totale di formaggio interessa il Pecorino Romano Dop, che rappresenta il caso piú unico che raro in cui un formaggio con un nome associato a un dato territorio venga poi prodotto prevalentemente da un'altra parte. Strano a dirsi il 90 per cento dei caseifici che lo fanno non si trova affatto in Lazio ma sull'isola, come anche il Consorzio di tutela del marchio. A prescindere dalla denominazione che ha prevalso nel Dop, il formaggio sardo prodotto secondo quel procedimento riempiva le stive delle navi già nel Settecento, arrivando benvenuto sulle tavole di tutta Italia, e talvolta entrando persino nei piatti tipici locali; per esempio il pesto tradizionale genovese è fatto proprio con il pecorino sardo.

Anche agli americani l'incongruenza tra il nome e l'origine evidentemente non pone alcuna particolare difficoltà all'acquisto: il mercato statunitense infatti adora il pecorino sardo, e ne importa quasi duecentomila quintali l'anno. Ogni dieci forme di pecorino prodotte in Sardegna, sei prendono il via per gli Stati Uniti, avvantaggiate da un prezzo che resta molto piú basso rispetto a quello spuntato dal grana, dal parmigiano e dal gorgonzola. Il motivo non è tanto la qualità del formaggio, quanto il fatto che il governo americano impone da anni una tassazione superiore ai formaggi da latte vaccino in entrata, a causa di una mirata politica di protezionismo che tende a scoraggiare importazioni contrarie agli interessi degli allevatori locali di bovini. Ma poiché negli Usa l'allevamento ovino è praticamente inesistente, i formaggi prodotti con il latte di pecora non sono soggetti a nessuna mannaia fiscale, e possono cercare di intercettare i gusti del consumatore statunitense a un prezzo decisamente concorrenziale, mentre gli si aprono anche i mercati in Giappone, in Australia e nel nord Europa.

A dispetto di questa situazione commerciale favorevole, è la struttura stessa dell'economia agropastorale ad essere fortemente in crisi in Sardegna. Anche se all'orizzonte si profila come una minaccia da valutare il prossimo ingresso nella comunità europea di altri Paesi – uno per tutti la Turchia – a forte vocazione zootecnica, ma con un costo della manodopera decisamente inferiore a quello italiano, i problemi del pastore sardo sono assai piú immediati. A causa di un'ancestrale resistenza culturale a costituire consorzi e cooperative, la pastorizia sarda è un'attività ancora estremamente arcaica e frammentata. Le aziende, che spesso coincidono con il nucleo familiare, sono forzate a sostenere forti indebitamenti perché prive di una rete di distribuzione autonoma, costrette a gestire interamente i costi di produzione ed essere quindi del tutte prive della forza contrattuale necessaria per fare il prezzo del latte, ceduto ai caseifici a cifre risibili. Questa situazione ha messo in ginocchio davanti alle banche migliaia di queste piccole aziende pastorali, che si sono viste persino richiedere indietro i contributi regionali dati a sostegno della loro difficile condizione, perché la comunità europea ha ritenuto quel tipo di aiuti lesivo del regime di concorrenza tra gli Stati.

Le leggende bucoliche che vogliono la vita del pastore piena di ingenue dolcezze e pace naturale, sono appunto solo leggende. Il caso dei pastori sardi è arrivato alla ribalta nazionale in tutta la sua drammaticità a causa dello sciopero della fame di alcuni di loro, ma sbaglierebbe chi ci vedesse solo una questione economica. Quella in atto è l'agonia di un mondo antico che si scontra con regole nuove, lontane dai ritmi che hanno governato la vita pastorale per generazioni. Lo ha capito perfettamente lo scrittore Gavino Ledda, pastore per nascita e intellettuale per volontà, che in *Padre padrone* ne scrive con amarezza:

> In realtà nella mia storia si parla già delle difficoltà nel lavoro, dei contrasti fra gli uomini, della battaglia contro le avversità naturali, del pericolo di abbandonare strade secolari. Io ho scritto *Padre padrone* animato da una precisa speranza: cercare di salvaguardare la civiltà della pecora, del grano, dell'ulivo, del sughero. Adesso devo purtroppo constatare che questa civiltà, cosí com'è scomparso mio padre qualche mese fa, sta a sua volta morendo [...] È stata un'età della cultura umana, una *facies*, che io ho vissuto in senso omerico: da millenni sino ad arrivare alla mia esperienza nulla era cambiato nella pastorizia [...] Ora devo però prendere atto, non senza allarme, che un equilibrio è stato spezzato, che qualcosa si è definitivamente rotto e un intero mondo è in procinto di venire spazzato via.

Alla modifica peggiorativa della situazione della pastorizia sarda si aggiunge un male condiviso anche con altre regioni: l'ossessione iperigienista delle normative europee sulle produzioni di formaggio a latte crudo, vessate dall'imposizione di procedure che mortificano moltissimo la qualità finale del prodotto.

La pastorizzazione non conserva infatti gli stessi sentori del pascolo che costituiscono il segreto del latte: segreto cancellato dai procedimenti industriali insieme ai microbi e al sapore. Per ora il pecorino sardo è prodotto ancora con latte interamente crudo, ma la trasformazione del latte di pecora in formaggio ha perduto quasi completamente i caratteri artigianali e viene realizzata in caseifici moderni privati, che danno lavoro a migliaia di persone e raccolgono praticamente il 90 per cento di tutto il latte prodotto sull'isola dalle pecore. Solo il Fiore Sardo e pochi altri formaggi, non Dop, a minore diffusione vengono ancora fatti a mano nelle aziende pastorali, secondo il metodo millenario raccontato sempre da Gavino Ledda nel suo capolavoro autobiografico:

> Una mattina lui come al solito stava facendo il formaggio incosciando il paiolo. Tutto preso, stava palpando il latte cagliato. Lo palleggiava facendolo roteare su se stesso prima che gli ricadesse tra le mani giunte e con cura lo lavorava e lo rimetteva nella scodella che sgocciolava il siero attraverso i suo fori. Io lo assistevo. Nel momento piú delicato, una volta fatta la ricotta, doveva insierare il formaggio. Era l'operazione finale. Dentro il siero ancora bollente mise le scodelle del formaggio già pressato bene dalle sue mani e dalle apposite pietre.

Per mangiare ancora un formaggio fatto cosí, anche se i prodotti Dop sono ottimi e si trovano ovunque sull'isola, occorre andare ad Osilo, in una zona del Sassarese non lontana da quella in cui Ledda crebbe facendo il servo pastore; in questo paese di montagna a sei chilometri dal mare, con vista sulle coste della Corsica e sui monti del Limbara, esiste un pecorino pregiato prodotto in quantità ridotta da non piú di un centinaio di pastori locali, che vale davvero la pena di andarsi a cercare. È un formaggio con caratteristiche organolettiche diverse anche dal pecorino Dop, ma cosí squisite e particolari da avergli valso il riconoscimento di un presidio Slowfood. A pasta piú morbida e grassa, giallo paglierino, è un pecorino che rischia seriamente la scomparsa, perché non ha un mercato abbastanza significativo che possa giustificarne ancora la produzione.

Può anche capitare, se si è ospiti presso una famiglia o si partecipa a uno «spuntino», di veder saltare fuori una forma di formaggio cosiddetto marcio, una leccornia per stomaci forti che farebbe inorridire qualunque ispettore della comunità europea preposto ai disciplinari di produzione. Per fortuna sua non si tratta di un cibo che ha la pretesa di finire sul mercato: è un formaggio che ha avuto la ventura di venire attaccato durante la stagionatura da parte delle larve di un particolare tipo di mosca casearia, la *Phiopila Casei*. Lo sviluppo delle larve sotto la crosta perfettamente chiusa trasforma la pasta in una crema consistente, dal sapore molto piccante e intenso, di cui molti sardi sono golosissimi a dispetto della presenza dei vermi all'interno. I produttori piú esperti determinano appositamente le condizioni perché si intacchino in questo modo un certo numero di forme di pecorino, da riservare agli amici e ai conoscenti come dono gradito. A conti fatti, ogni volta che ci si mette in bocca un pezzo di formaggio sardo, i sapori di cui tenere conto sono davvero tanti.

Il bue rosso ringrazia la mucca pazza.

Poiché nell'immaginario comune, per ovvie ragioni di diffusione, il collegamento tra la Sardegna e la pastorizia è il piú immediato, non sono in molti a sapere che accanto alle pecore ha convissuto fino al 1950 una consistente popolazione di bovini, che aveva nella Sardegna nordoccidentale e nel Montiferru i suoi centri di maggiore sviluppo. Gli animali venivano allevati per essere usati nei campi come buoi da giogo, e proprio per sviluppare maggiormente le caratteristiche piú adatte a questa funzione, alla fine dell'Ottocento la tradizionale razza sarda venne fatta incrociare con quella modicana, proveniente dalla Sicilia, fisicamente piú forte. Il risultato fu quella che oggi è conosciuta come razza sardo-modicana o, piú familiarmente, bue rosso, a motivo dello splendido manto color rame intenso, peloso come quello di un persiano. Con la meccanizzazione del lavoro agricolo il bue rosso ha smesso di servire allo scopo originario ed era destinato inesorabilmente a scomparire: infatti nel giro di qualche decennio il numero dei capi è passato da trentamila a tremila, tutti allevati nel Montiferru e perfettamente visibili al pascolo brado lungo la strada litoranea che dalla marina di Santa Caterina di Pittinurri porta fino a Cuglieri, e poi rientra verso Santulussurgiu. In mezzo al paesaggio impervio e selvaggio, tra i massi di basalto, la macchia bassa e profumata, i muretti a secco e una presenza umana praticamente inesistente, questi animali pascolano liberamente in campi a loro completa disposizione, e verrebbe da domandarsi il perché, visto

che nessuno li usa piú per lavorare la terra. I motivi sono due:
la loro carne sapida e *su casizolu*, il formaggio unico che si ottiene dal latte che producono, entrambi cibi riconosciuti come
presidi Slowfood. Riguardo alla sardo-modicana il pregio è quello del gusto eccellente della carne e dell'allevamento completamente naturale, elemento che con l'esplosione internazionale
del morbo della mucca pazza ne ha fatto paradossalmente la sua
fortuna, guadagnandole il mercato interno fino a pochi mesi prima del tutto disinteressato a questi animali quasi estinti. Nei
giorni tesi della scoperta della BSE, in Sardegna l'unica carne
bovina capace di conquistare la fiducia dei consumatori divenne proprio quella del bue rosso, visibile al pascolo brado nel
Montiferru a tutte le ore del giorno, e quindi al di sopra di ogni
sospetto di manipolazione alimentare. Gli allevatori, cogliendo
il momento favorevole, si sono consorziati e hanno dato vita a
una campagna di valorizzazione della razza che nel giro di pochi anni ha fatto entrare la carne della sardo-modicana nelle carte dei migliori ristoranti dell'isola, oltre che sulle tavole di molte famiglie. La descrizione della rinascita anche numerica del
bue rosso l'ha affidata a queste parole lo scrittore Raffaele Puddu, che ha visto nella parabola della sardo-modicana quella stessa dell'identità isolana:

> Non avevano nome i due torelli: soltanto le minuscole targhette graf-
> fettate alle orecchie ne attestavano in qualche modo l'identità. Cattivo
> segno. Non gli si sarebbe dato il tempo di definire compiutamente i pro-
> pri caratteri, estetici o temperamentali, ma solo di accrescere il peso di
> quelle carni che, appese ai ganci delle macellerie o servite ai tavoli dei ri-
> storanti tipici, facevano da qualche tempo la gloria gastronomica del Mon-
> tiferru, dai cui villaggi basaltici erano discese alla conquista delle città.
> Naturalmente nessuna delle vacche intente a ruminare l'erba secca di *Sa
> Costa* poteva sapere della congiuntura di mercato che le riguardava cosí
> da vicino. Tuttavia gli occhi delle piú anziane avevano visto i pascoli cir-
> costanti picchiettarsi di rosso e un frequente fiammeggiare di mandrie in
> mezzo alla polvere alzata sulle *carrelas*: rispedite ai loro pascoli continen-
> tali le tozze bruno alpine, il cui scialbo pelame s'era troppo a lungo con-
> fuso con le stoppie riarse e col terriccio, gli eleganti bovini color fuoco,
> sardi da secoli ancorché originari della piú grande isola mediterranea, era-
> no tornati finalmente a popolare *tancas* e *cunzaos*.

Grazie a questo ripopolamento, gustare il *ghisadu*, lo spezzatino di bue rosso aromatizzato, oppure l'arrosto de *sa pezza imbinada*, con la carne lasciata una notte a bagno nel buon vino rosso prima di essere arrostita, è un'esperienza alimentare sempre meno rara da provare, perfetta se poi ci si abbina a fine pasto il *casizolu*, il formaggio prodotto con il latte delle vacche della stessa specie. Il *casizolu* ha il solito problema dei formaggi a latte crudo, costantemente in scontro con le normative igieniche europee. Il latte della sardo-modicana ha però un problema in piú per i severi disciplinari comunitari: nell'incrocio l'animale ha sviluppato mammelle molto grandi, con i capezzoli eccezionalmente lunghi, che presentano mille difficoltà ad essere munti in altro modo che a mano. Inoltre, l'utilizzo della mungitrice automatica dimezza la produzione del latte, perché la vacca è abituata da sempre al rapporto fisico costante e libero con i suoi piccoli all'aperto, e dà il meglio della produzione solo se viene munta manualmente dal suo allevatore con il vitellino vicino e appoggiato contro, procedimento comprensibilmente difficile da far digerire agli ipersensibili ispettori comunitari. Il gusto piacevolmente forte del *casizolu* resta quindi un sapore riservato ai relativamente pochi fortunati che possono assaggiare questa grossa provola fatta a mano dalle donne del Montiferru, e coccolata come un neonato per tutta la durata della sua breve stagionatura.

Bottarga, il segreto del muggine.

L'utilizzo di ingredienti poveri nella cucina sarda non è sempre un imperativo, e la prova è che lungo tutta la costa, da Cagliari fino ad Olbia, gli spaghetti con la bottarga restano uno dei piatti piú graditi, anche se per consumarli, dato il costo tutt'altro che popolare, si attende comunque un'occasione un po' speciale.

La bottarga è un cibo che ha il meticciato culturale nel suo stesso Dna. L'origine è probabilmente fenicia, mentre il nome deriva dall'arabo *bot-ha-rik*, «uova di pesce crudo»; a conferma di questa antichissima ibridazione c'è il fatto che la sua produzione è diffusa in tutto il Mediterraneo, dalla Tunisia al Marocco. Come capita a tutti i prodotti figli di incroci, ciascun luogo ne rivendica furiosamente la paternità senza peraltro poterla dimostrare, se non dicendo che la si è sempre fatta da che c'è memoria di pesce e di sale; con il termine «bottarga» si intende infatti il risultato della salatura e dell'essiccazione di uova di pesce in genere. Nonostante non ci siano quindi i presupposti per concedergli lo status di prodotto esclusivo sardo, in Sardegna la realizzazione della bottarga ha assunto caratteristiche abbastanza distinte rispetto al resto dei centri di produzione, a cominciare dalla materia prima che si utilizza.

Escludendo il caso dei pescatori di Carloforte, che fanno bottarga quasi esclusivamente dal tonno e dal pescespada, nel resto della Sardegna il pesce che fornisce le uova è il muggine, una variante del cefalo che vive a metà tra il mare e gli stagni che abbondano lungo la costa. La storia tormentata della produzione della bottarga incarna perfettamente una delle caratteristiche sarde meno smentite dalla storia: l'innata resistenza ad agire uniti, qualunque sia l'interesse in gioco. Infatti, benché in tutta l'isola la bottarga a cui viene riconosciuto lo status di eccellenza sia stata per anni quella di Cabras, i pescatori dello stagno omonimo non sono mai riusciti a farsela certificare come Dop, dotandosi di un disciplinare unico di produzione. Le uova dei muggini dello stagno di Cabras avrebbero infatti caratteristiche particolari rispetto ad altre, perché i pesci sono inseriti in un ecosistema senza analogie che garantisce una dieta specifica tutt'altro che ininfluente sulla qualità di un pesce che mangia soprattutto quel che trova nei fondali. Purtroppo l'improvvisazione nella gestione della risorsa stagno, arrivata nelle mani dei pescatori in un periodo relativamente recente, ha dato luogo a una progressiva diminuzione della produzione, e talvolta anche a veri e propri disastri ecologici, come la moria del pesce che nel 1999 ha costretto il grande specchio d'acqua a un forzato riposo biologico durato anni. Per diversi cicli vitali le uova non si sono potute utilizzare per altro che la riproduzione, e la bottarga di Cabras è di conseguenza diventata introvabile, se non a prezzi improponibili per il consumatore medio, che pure ne faceva un uso frequente. Oggi nella capitale della bottarga le cose sono un po' migliorate, nel frattempo, però, il mercato del pregiato prodotto non è stato a guardare e ha cercato altre fonti di approvvigionamento della materia prima in modo da proporre a prezzi decisamente competitivi uova preparate sí con il procedimento sardo, ma provenienti da ogni parte del mondo, specialmente dall'Africa del nord.

Il nuovo trend del mercato della bottarga è comprarla su internet, vista la facilità di spedizione, per lo piú con semplici confezioni sottovuoto. Il prodotto grattugiato figura tra i primi cinque alimenti piú acquistati on line dagli italiani. Oggi le uova di muggine arrivano in Sardegna per la maggior parte congelate crude e vengono poi trattate secondo il sistema tradizionale di salatura con il sale marino, a cui segue una essiccazione in forni a calore molto basso. Distinguere la provenienza della bottarga che si sta mangiando è ormai un'operazione per veri intenditori, perché le variabili che determinano le differenze sono troppe, e vanno dal colore al retrogusto, piú o meno amarognolo, fino alla consistenza complessiva della baffa. Un'operazione dunque talmente complicata che sarebbe legittimo chiedersi se vale veramente la pena, visto che in genere la bottarga è buona comunque.

Per chi non ama gli indovinelli mentre mangia, un'ottima bottarga prodotta sul posto è quella di Tortolí, sulla costa orientale ogliastrina, in provincia di Lanusei. Negli ultimi anni la cooperativa dei pescatori locali, forte della presenza di un grande stagno poco distante da Arbatax, ha aperto quello che viene definito un centro di ittioturismo, un luogo dove l'intera filiera del pesce, dalla pastura degli esemplari immaturi fino alla preparazione delle uova, viene offerta come insolito panorama ai visitatori. In questo modo le antiche procedure si affiancano a un sistema di comunicazione piú commercialmente efficace, nella speranza di arrivare ad affermare quella di Tortolí come

una delle migliori bottarghe non solo trasformate, ma anche
prodotte in Sardegna.

Pane e olio.

In Sardegna niente è meno tipico del pane e dell'olio, dato
che se ne trova di ottimo in tutta Italia. Eppure non c'è nulla
di piú vigorosamente identitario del rapporto che lega l'isola a
questi due alimenti. Qualunque cosa si mangi, pane e olio possono fare la differenza tra un buon cibo e un cibo qualunque.
Nella cultura dell'isola il pane è pietanza praticamente a sé
stante, elemento base di diverse preparazioni tradizionali, e gli
si dà una importanza cosí elevata che nelle varie regioni della
Sardegna ci sono piú tipi di pane che in tutto il resto d'Italia.
È evidente che la fantasia di un popolo che per secoli ha avuto
da mangiare giusto il pane si è sbizzarrita a dargli le forme piú
curiose, di animali e di cose desiderate, intrecciandoci i sogni
in mancanza di altro. Significativo, e sorprendentemente anti-
cipatore delle moderne stravaganze di alcune star di Hollywood,
è un verso dell'inno *Su patriottu sardu a sos feudatarios*, scritto
da Francesco Ignazio Mannu nel 1794 mentre si trovava lati-
tante in Corsica. Il poeta secessionista descrive l'alimentazione del vassallo come composta di solo pane, contrapponendola
a quella del barone, a cui evidentemente non mancava nulla,
nemmeno la varietà di cibo per il suo cane:

> *Cun su zappu e cun s'aradu penat totta sa die.*
> *A ora de mesu die si zibat de solu pane.*
> *Mezzus paschidu est su cane*
> *de su barone in zittade,*
> *s'est de cudda calidade*
> *chi in falda solent portare*.*

---

* [Con la zappa e con l'aratro fatica tutto il giorno. | A mezzogiorno si ciba di so-
lo pane. | È nutrito meglio il cane | del barone in città, | specie se è di quella razza | che
sono soliti portare in tasca].

La natura del pane come cibo prezioso e talvolta esclusivo, da cui dipendeva la vita stessa, ha fatto sí che in passato anche il semplice fare il pane venisse caricato di significati simbolici; tuttora in Campidano c'è la convinzione che il pane fatto in casa non vada mai tagliato con il coltello, ma sempre con le mani, perché si ritiene che sporzionarlo con la lama privi delle forze chi lo ha impastato. Questa concezione sacrale deve aver portato il pane ad assumere anche valenza rituale; si trova traccia di questa attitudine nei bronzetti nuragici che raffigurano devoti nell'atto di portare pani cerimoniali, decorati con un motivo fatto con appositi strumenti, chiamati *pintaderas*. La *pintadera* è un sottile disco in terracotta che veniva usato come timbro per imprimere sulla pasta cruda un motivo radiale per molti versi ancora misterioso. Studi recenti hanno ipotizzato che quello che inizialmente si credeva solo un disegno geometrico ornamentale fosse in realtà una sorta di ruota del tempo, un calendario magico in tutto analogo a quello celtico. Non sarebbe certo la prima delle somiglianze tra la civiltà nuragica e quella celtica, ma per ora questa resta solo un'ipotesi suggestiva, anche se può rendere piú interessante una visita al museo Sanna di Sassari, dove sono esposti alcuni reperti di *pintaderas* conservati in ottimo stato. Il motivo della *pintadera* esercita un tale fascino sui sardi da non avere in qualche modo mai smesso di essere un marchio: lasciato il pane ormai industrializzato, la *pintadera* è prepotentemente entrata nell'artigianato locale, dove il suo motivo viene usato in gioielleria per personalizzare ciondoli e monili, o ripetuto ossessivamente su tessuti e artigianato ligneo. Molti circoli, associazioni culturali ed esercizi commerciali ci si sono intitolati, attribuendole una valenza identitaria fortemente riconoscibile, e persino il Banco di Sardegna ha fatto della sua decorazione radiale il suo logo.

Attualmente i soli pani che in Sardegna vengono ancora utilizzati a scopo cerimoniale sono quelli matrimoniali. Il cosiddetto «pane degli sposi», intagliato come un legno pregiato a formare una corona tracimante di minuscoli fiori, frutti e uccelli perfettamente cesellati nella pasta, non viene consumato perché ha la sola funzione di dare il buonaugurio e propiziare la fertilità della coppia. Nelle zone della Sardegna in cui lo fanno ancora, usano rivestirlo di un lucido conservante, analogo a quello usato per il legname, in modo che possa essere incorniciato resistendo ai parassiti. Nonostante l'omologazione recente causata dalla panificazione industriale e la scomparsa pressoché totale dei lieviti autoctoni che caratterizzavano enormemente il gusto della pasta, esistono ancora molti posti in Sardegna dove il pane si fa in casa o con procedimenti artigianali molto vicini a quelli utilizzati anticamente.

Ciascuna regione storica dell'isola ha sviluppato il suo tipo di pane in base alle esigenze della vita ordinaria, a cui si aggiungono pani per le feste particolari, specialmente per la Pasqua e i già citati matrimoni.

In Barbagia, in Ogliastra e in gran parte della Gallura dominano i pani secchi e friabili a basso contenuto di umidità come il *carasau*, *su pistoccu* e la spianata, che dovevano durare a lungo nelle transumanze dei pastori, senza indurirsi né ammuffire. Nel Campidano, da Oristano a Cagliari, la fanno da padrone i lucidi *coccois* con i loro smerli croccanti e le pagnotte del *civraxiu*, un grande pane rotondo di grano duro, con la crosta scura e infarinata e la mollica abbondante e soffice, gustosissima. In mezzo a questi due estremi viene prodotta una grandissima varietà di pani, semplici o conditi, dalle forme bizzarre e dai nomi che cambiano da paese a paese.

Per scoprire i misteri della preparazione del pane la meta è Villaurbana, un paese dell'alto Campidano che si è guadagnato il merito, unico in Sardegna, di rientrare nel circuito nazionale delle Città del Pane, perché ha mantenuto intatte le rigorose procedure di produzione tradizionali. Nel paese ci sono diverse macine in pietra che producono una semola delicatissima, venduta in tutta la Sardegna sia per realizzare i pani piú pregiati che per la fregola, la minestra rustica fatta a mano che, dopo un periodo di oblio quasi completo dovuto al suo essere piatto poverissimo, sta tornando in auge abbinata agli ingredienti piú pregiati. L'orgoglio per il pane è collegato al fatto di averci de-

dicato estrema cura per generazioni, fino a fare un piccolo capolavoro dell'unico alimento sulla cui presenza a tavola si poteva contare. È un orgoglio che anche Lawrence rileva nel suo
viaggio, anche se vi attribuisce il senso errato di una ricerca di
effimero:

> «Dove lo trova un pane cosí bianco?» chiedo a berretto nero, perché
> ne è tanto orgoglioso.
>
> «Viene da casa mia». E poi mi fa domande sul pane siciliano. Mi chie-
> de se è piú bianco di *questo*: il croccante di Mandas. Sí, è un po' piú bian-
> co. Al che si rattristano di nuovo. Perché questo pane è un tasto dolen-
> te. Il pane significa molto per un italiano: è il sostegno della sua vita nel
> vero senso della parola. Praticamente vive di pane. E invece di giudicare
> dal sapore, lui adesso, come il resto del mondo, giudica dall'aspetto. Si è
> ficcato in testa che il pane deve essere bianco, cosí che ogni volta che si
> figura una sfumatura piú scura nella pagnotta, un'ombra scende nella sua
> anima. E non ha neanche completamente torto.

In realtà il pane in Sardegna ha molti colori, quasi tutti ca-
richi e tendenti al paglierino, perché la farina che si utilizza è
quella di grano duro, piú sapida e densa, che scurisce la crosta
e la fa spessa e croccante. Basta una fetta di *crivaxiu* e un filo
d'olio per entrare in un tesoro di profumi dimenticati, o mai co-
nosciuti prima. L'olio aiuta, perché sull'isola vige l'imperativo
di usarlo solo d'oliva e sempre extravergine di frantoio. Nessuno si sognerebbe di mettersi in tavola un olio di qualunque altro tipo per condire a crudo. Se ci sono le condizioni economiche per farlo, anche l'olio per friggere è della stessa natura. L'o-
lio sardo è tendenzialmente robusto, con sapori forti di carciofo
e persino piccante, di un colore verde brillante e con un'acidità
generalmente bassa, perché l'uso è di raccogliere le olive per
frangerle quando sono circa a metà della maturazione. Uno degli oli piú premiati in Sardegna è quello di Seneghe, una cittadina del Montiferru che si fregia del titolo di Città dell'Olio
grazie ai molti riconoscimenti tributati al gusto particolare del
suo prodotto principe. Nel periodo che va da novembre a gennaio lungo la campagna e i colli che circondano la cittadina è visibile un curioso elemento del paesaggio che denuncia l'attività
principale dei coltivatori locali: si tratta di ampie reti colorate

che vengono deposte sotto gli olivi come un tovagliato, e sono
destinate a raccogliere il frutto dell'abbacchiatura delle drupe.
In tutte le altre regioni della Sardegna in cui si produce olio, le
reti vengono disposte e ritirate all'inizio e alla fine di ogni giorno di lavoro, per evitare che qualcuno se ne appropri. Solo nel
Montiferru rimangono distese per giorni, con la tacita intesa
che non siano toccate. I metodi antichi con cui questo olio viene prodotto sono stati per molto tempo l'handicap del Montiferru, come accade in molte zone della Sardegna dove l'isolamento taglia fuori dai percorsi commerciali nazionali e internazionali. Tuttavia, se è vero che in Sardegna l'arretratezza dei
metodi ha inciso sulla quantità e sulla rapidità della produzione, è altrettanto vero che l'apparente svantaggio ha contribuito a conservare, per esempio, i metodi tradizionali di estrazio-
ne a freddo dell'olio dalle olive. È grazie a questa apparente natura obsoleta se oggi l'olio di Seneghe, arrivando in tavola
identico a cento anni fa, non è soltanto al passo con i tempi, ma
è anzi uno dei piú moderni e attuali, in perfetta sintonia con le
piú avanzate esigenze della scienza dietetica, che oggi chiede
soprattutto prodotti biologicamente sicuri e integri.

9.

Acqua

Vale la pena minacciare gli dèi

Provincia di Oristano,
regione storica del Barigadu,
comuni di Boroneddu e di Ghilarza.

Provincia del Medio Campidano,
regione storica del Medio Campidano,
comune di Villacidro.

Provincia dell'Ogliastra,
regione storica dell'Ogliastra,
comune di Ulassai.

Provincia di Cagliari,
regione storica del Campidano di Cagliari,
comune di Quartu Sant'Elena.

Provincia di Sassari,
regione storica del Goceano,
comune di Benetutti.

Provincia del Medio Campidano,
regione storica del Medio Campidano,
comune di Sardara.

Provincia di Oristano,
regione storica del Barigadu,
comune di Fordongianus.

Maimone Maimone
Abba cheret su laore
Abba cheret su siccau
Maimone laudau*.

Antica preghiera sarda a Dioniso.

La questione dell'acqua è un fatto personale tra i sardi e Dio. Non un dio preciso e non un dio a caso, ma il dio che si potrebbe definire in carica, quello che detiene *pro tempore*, di volta in volta, la potestà sugli eventi della terra e del cielo. L'acqua in Sardegna è il dramma collettivo, il bene da sempre conteso, il motivo dell'eterna tensione del figlio verso il genitore avaro, il padre-padrone che concede quando e se vuole.

Nel passato questa diatriba la si risolveva con Dioniso, che sotto il nome di Maimone veniva invocato in molti modi affinché provvedesse ad irrigare i campi e a renderli fertili, con l'aiuto di qualcosa (o qualcuno) offerto in sacrificio. Anche la Dea Madre, venerata tra l'altro nei molti pozzi sacri diffusi per l'isola, aveva le sue responsabilità in merito alla concessione idrica della regione, e le attestazioni di un culto di fertilità legato all'acqua sono innumerevoli.

Se la divinità era recalcitrante a concedere il bene prezioso, non si esitava a minacciarla finché non soddisfaceva le esigenze. Queste minacce hanno riguardato anche il dio dei cristiani, dato che sono rimaste in atto fino a una quindicina di anni fa nell'interno dell'isola; venivano pronunciate nel corso di un rituale, macabro e suggestivo insieme, che consisteva nell'immersione di un crocifisso dentro un pozzo, dove veniva tenuto a bagno finché l'acqua chiesta non fosse arrivata.

---

* Maimone, Maimone | La campagna vuole l'acqua | Chiede acqua il terreno dissecato | Maimone lodato.

L'incredibile formula che veniva recitata a Orgosolo è questa, attestata da Antonangelo Liori nel suo *Demoni, miti e riti magici della Sardegna*:

> *Si abba non nos das oe*
> *Massestà chi t'occhidimus*
> *Est abba chi ti pedimus*
> *E non sun purpas de boe*
> *Sos traghinos de Logoe*
> *Chi non si potan jampare**.

A Orgosolo una parte di questa minaccia al dio è visibile su uno dei piú bei murales del corso principale, a dimostrazione della sete folle di una terra dove ogni goccia è contata, e della confidenzialità con cui era inteso il rapporto con il divino, al punto da richiamare la divinità stessa al rispetto del suo dovere di protezione e di assistenza verso la gente che gli si era affidata. Il problema dell'isola in realtà non è solo la semplice siccità.

Da diversi anni gli studiosi dei fenomeni climatici denunciano un crescente rischio di desertificazione, che riguarda oltre il 50 per cento del territorio sardo, con particolare attenzione per le coste: quelle occidentali risultano essere le piú esposte, perché il fenomeno di inaridimento in alcune zone è già in atto. Il piccolo e grazioso lago di Baratz, l'unico naturale di tutta la Sardegna, ha fatto registrare negli ultimi decenni un progressivo e costante abbassamento del livello, confermando le previsioni poco rassicuranti: sull'isola c'è poca acqua, e nel futuro è probabile che ce ne sarà ancora meno.

Il lago che non c'era.

All'inizio del Novecento per fare fronte al bisogno di acqua si preferí non contare troppo sui mutevoli capricci degli dèi, e con l'utilizzo di oltre sedicimila operai venne eretta nel Bariga-

---

* [Se non ci dai oggi l'acqua | Vedrai che ti uccideremo | È acqua che ti chiediamo | Non sono polpe di bue | (Fa) che i rigagnoli di Logoe | non li si possa saltare].

du la diga di Santa Chiara, una costruzione maestosa che sbarra il corso del fiume Tirso all'altezza di Ula Tirso. Nel 1924, quando la costruzione terminò, la diga era tra le piú imponenti mai costruite in Italia, e il lago Omodeo che si formò mantenne per molto tempo il titolo di bacino artificiale piú grande d'Europa. Attraversando il Barigadu verso Nuoro è possibile ammirare, dalla strada in posizione sopraelevata, l'incredibile naturalezza paesaggistica che quell'opera eretta in appena cinque anni ha determinato nel territorio. Il lago, perfettamente incastonato in una valle deserta tra i bassi monti della regione, è lungo piú di venti chilometri e non ha nessun tipo di costruzione nei pressi delle sue rive, escluso qualche albergo che di recente è sorto sul lato piú riparato, vicino al paese di Boroneddu. Il bacino solletica non soltanto per la tecnologia che lo ha creato con lo scopo di regolare il corso del fiume e fornire acqua per l'irrigazione e la produzione di energia elettrica. Infatti, se è affascinante vederlo quando il livello dell'acqua è alto, quando questo si abbassa per prolungati periodi di siccità il lago rivela sul suo fondale i resti di una rara e preziosa foresta fossile e di alcuni nuraghi, ancora perfettamente conservati, che furono coperti dall'acqua quando il lago fu creato. Un vero tesoro.

Negli anni di particolare arsura, specialmente nel periodo a cavallo tra l'estate e l'autunno, l'Omodeo si asciuga, ed è possibile provare il brivido di passeggiare sul suo fondale, osservando quello che resta di alberi secolari, pietrificati durante il Miocene dalle emissioni dei vulcani allora attivi, poi levigati dall'azione dell'acqua del lago in forme curiose e a tratti inquietanti. Sul fondo dell'Omodeo, anche nel periodo di maggiore siccità cresce sempre un'erba grassa e abbondante, e non è raro che nei mesi in cui il fondale si rivela ci vengano portati animali al pascolo o addirittura si coltivi, sfruttando la fertilità del terreno. Poi l'acqua risale, ricoprendo tutto fino alla prossima minaccia a qualche dio. Non c'erano però solo alberi e nuraghi in questa valle trasformata in lago; c'era anche un piccolo paese, quello di Zuri, sacrificato per essere ricostruito piú a mon-

te come frazione del comune di Ghilarza, e che prima di essere cancellato dalle mappe volle però salvare, con un'opera ac-
curatissima, la chiesa parrocchiale di San Pietro. L'edificio, un
gioiello di architettura di gusto lombardo sito nel territorio del
comune di Ghilarza, è unico nel suo genere nella Sardegna ricca di romanico toscano; l'edificio in trachite rossa risale al 1291
ed è opera del maestro Anselmo da Como. Gli abitanti del paese di Zuri lo smontarono pietra per pietra con cura certosina, e
lo rimontarono interamente in un punto piú a monte, non distante dalla collocazione originaria. Non bisogna però cadere
nell'inganno dell'apparente naturalezza del lago, che comunque
naturale non è; l'avere modificato radicalmente la struttura geografica, cancellando una vallata enorme e creando barriere naturali prima inesistenti tra un paese e l'altro, ha significato per
il Barigadu uno snaturamento della propria identità territoria-

Figura 9.
Lago Omodeo.

dello scorcio impossibile è abbastanza normale. Il turismo da trekking legato a questa non molto conosciuta attrazione sarda parte dal vantaggio che spesso i punti in cui sono collocate le cascate, seppure montuosi, non sono molto distanti dal mare, e nell'arco della stessa giornata si può variare di molto il panorama e le attività correlate. La caduta d'acqua che meglio si presta a questo gioco di vedute è quella di Le Quarci, uno dei luoghi piú suggestivi dell'Ogliastra, che non è una cascata qualunque per molti motivi. Il piú evidente è la sua bellezza anomala rispetto alle altre cascate sarde, per lo piú a caduta verticale ripida e fragorosa. Le Quarci è raggiungibile con molta fatica attraverso un percorso intricato che si dipana nella macchia mediterranea di ginepri, rosmarino, piccoli lecci ed altre essenze, i cui cespugli sbucano dagli anfratti della falesia calcarea. La cascata diventa visibile sul lato sinistro del largo anfiteatro calcareo e, pur non avendo una caduta violenta, ha un'ampia discesa che si frange in getti a ventagli che catturano la luce, generando splendidi effetti di rifrazione specialmente nelle ore del primo pomeriggio. Negli anni Cinquanta la cascata ha rischiato di scomparire completamente perché il rio che l'alimenta è stato deviato per servire la zona militare di Perdasdefogu e il suo campo di aviazione. Oggi è completamente ritornata al suo antico splendore, ma gli abitanti del comune di Ulassai conducono ancora la loro lotta per mantenere le gestione delle proprie risorse idriche. Il piccolo paese, dotato di acque autonome di altissima qualità, è infatti uno tra le decine di comuni sardi che hanno rifiutato di aderire al consorzio Abbanoa (*Acquanuova*), la società per azioni a capitale pubblico che vorrebbe subentrare nella gestione del bene acqua alla precedente gestione dell'Ente Sardo Acquedotti e Fognature.

In tutta la Sardegna è molto diffuso il rifiuto di concedere all'acqua uno status diverso da quello di risorsa comune e libera, tanto che anche a un visitatore di passaggio capiterà di frequente di leggere scritte o striscioni, soprattutto nell'Ogliastra ricca di sorgenti, che affermano con forza il rifiuto di sottoscrivere accordi di cessione o sfruttamento delle ricchezze idriche.

Il timore di un uso a fini commerciali, o di una depredazione analoga a quella fatta per alimentare la base militare di Perdasdefogu, rende il comune di Ulassai, come altri nell'isola, estremamente diffidente quando si tratta di acque, da sempre oggetto di un rispetto quasi animista; dove si arriva a minacciare un dio per avere l'acqua, cederla a un consorzio sembra davvero un'ipotesi improponibile.

Le zone umide.

Ci sono zone dove l'acqua non è potabile e non serve nemmeno per irrigare i campi, ma questo non significa che siano meno importanti per l'economia e la ricchezza panoramica sarda. Dal punto di vista naturalistico le zone cosiddette umide della Sardegna hanno oggi un valore internazionale riconosciuto, anche a causa del fatto che l'isola si trova sulla rotta di decine di specie migratorie rare, in transito dall'Europa all'Africa. Di questo valore i sardi sono ancora poco convinti: è troppo recente il passato in cui queste zone erano soprattutto focolaio di infezione della zanzara malarica e determinavano le condizioni di insalubrità del territorio per l'uomo. Ora che la malaria è stata debellata dagli stagni e dagli ecosistemi umidi dell'isola, la diffidenza sta venendo gradualmente meno, complice anche l'evidente crescita di un turismo colto e attento, che segue sempre piú numeroso i movimenti dei volatili e sembra apprezzarne l'habitat. Alcuni tra i piú interessanti di questi ecosistemi si trovano nel Sulcis, che vanta paludi ricchissime di vita non solo ornitologica. Infatti nelle lagune costiere del Sulcis il numero di specie è talmente alto che solo la foresta tropicale ne può vantare altrettante. Questa vitalità è dovuta al sorprendente accumulo di sostanze nutritive provenienti dalla terraferma, trasportate dai fiumi, oppure sopraggiunte dal mare mediante il movimento delle maree. Il fenomeno dei continui abbassamenti e innalzamenti del livello delle acque, tipico delle zone paludose, fa sí che i nutrimenti contenuti nelle acque subiscano un ininterrotto rimescolamento, rendendosi cosí costantemente disponibili alle molte specie residenti o in transito. In passato questo fenomeno ha salvaguardato non poco le zone umide costiere, perché comportandosi di fatto come saline le paludi sono state assoggettate al rigore di preservazione demaniale dei Monopoli di Stato, e nessuno ha potuto metterci mano per decenni, garantendo la biodiversità indispensabile alla sopravvivenza dell'ambiente umido.

Lungo tutto il territorio del Sulcis le zone umide possono essere davvero una meta singolare, anche perché si sviluppano per oltre 3500 ettari, presentando una straordinaria varietà di ambienti palustri: stagni, paludi e lagune. Probabilmente non devono essere sempre state insalubri, se l'uomo le ha frequentate fin dal VI millennio a. C., lasciandoci resti di architettura funeraria come le *domus de janas*, insediamenti abitativi e persino luoghi di culto come menhir e circoli megalitici, tutti visibili ancora oggi. Anche durante i successivi lunghi periodi di spopolamento questi vasti territori non hanno mai smesso di rappresentare una consistente risorsa alimentare per gli abitanti dell'entroterra, almeno fino a quando negli anni Sessanta venne dato avvio alla produzione industriale con le Saline di Stato.

La perla di questo territorio cosí esteso è lo stagno di Molentargius, che con i suoi 500 ettari di estensione fa da confine naturale ai comuni di Cagliari e Quartu; è quest'ultimo che ne possiede i due terzi, ma Elio Vittorini fu a Cagliari che l'associò, con tutto il suo contorno di saline che contribuirono ad alimentare in lui la sensazione che Cagliari appartenesse a una sua personale dimensione geografica, in qualche altrove:

> È ancora piú in là dell'Africa; in un continente ulteriore dove sia città essa sola. Attorno la terra sfuma in nulla; logora di stagni e di saline che sembrano spazi vuoti, spazi puri. E il mare al di là del cerchio delle gettate, anche lui è di nulla; d'una bianchezza di mare morto.

Lo scrittore siciliano parla spesso di paludi, perché negli anni Trenta ne incontrò sicuramente molte nel suo viaggio in Sardegna. Scendendo dalla zona dell'Oristanese, dove attualmente ci sono sei delle otto zone umide di interesse internazionale, racconta con entusiasmo il risultato della morte di una di esse, quella di Arborea, che fu totalmente bonificata con il recupero di tremila ettari di terra utile:

> [...] il vecchio cuore senza speranza dei sardi ricomincia a dare scintille. Dunque la malaria se ne può andare, la terra di fango può fermentare di spighe – ed essi che hanno tenuto gli occhi chiusi, meditando, oscuramente fedeli, per secoli, a una realtà disumana e negativa in cui non c'era da muovere un dito – ecco che prendono gusto alla lotta per l'esistenza. Dalla palude la malaria saliva agli altipiani una volta, ora questa gioia di lottare.

Per fortuna degli amanti del bird watching, lo stagno di Molentargius scampò a quella sorte, e ora nel suo suggestivo habitat naturale convivono oltre centottanta specie di volatili, di cui diciassette in via di estinzione. In un affollamento di comuni folaghe, avocette, aironi cinerini, cavalieri d'Italia, gallinelle d'acqua e voracissimi cormorani si possono scorgere anche esemplari rari, come i polli sultani e i falchi di palude. I fenicotteri rosa, che rari non sono, ma suggestivi sicuramente, a causa del loro colore vengono chiamati in sardo *genti arrubia*, gente rossa. Fino a poco tempo fa a Molentargius i fenicotteri ci andavano solo di sfuggita, di passaggio come *pied-à-terre* verso le zone calde dell'Africa. Negli ultimi dieci anni invece hanno scelto in misura crescente lo stagno cagliaritano come residenza permanente, nidificandoci e riproducendosi sulle sue rive. La cosa ha dello straordinario soprattutto considerando che a poche decine di metri dallo stagno passa una delle arterie a scorrimento veloce piú frequentate della città, cosa di cui i fenicotteri non mostrano di curarsi, avendo ormai capito che la zona di protezione istituita a loro esclusivo vantaggio impedisce a chiunque anche solo di sostare.

Le acque calde e quelle salate.

La riscoperta, relativamente recente, del turismo legato ai benefici termali ha trovato in Sardegna un ambiente favorevole, dato che ci sono tre siti storicamente noti per i benefici derivanti dalle acque calde che sgorgano dal sottosuolo. Tutti e tre – Benetutti, Fordongianus e Sardara – sono anche interessanti siti archeologici, dato che le proprietà delle loro acque erano note sin dall'antichità. Il paese di Benetutti in particolare si trova nella zona a piú alta densità di ritrovamenti della Sardegna, incastonato nella regione storica del Goceano, ricchissimo di tombe dei giganti, di *domus de janas* e di nuraghi. Nel territorio del comune, oltre alle SPA che hanno in concessione lo sfruttamento delle acque sulfuree che sgorgano al livello del suolo alla temperatura di 40 gradi, ci sono anche diverse sorgenti calde spontanee in cui è possibile fare il bagno liberamente. I sardi, in passato, si sono aspettati dalle loro terme soprattutto un aiuto per recuperare la salute da particolari patologie; l'attitudine al benessere è una scoperta molto recente ed è andata di pari passo con l'aumento dell'offerta termale rivolta alle persone non afflitte da problemi di salute. L'interesse crescente per questa forma di cura di sé ha favorito l'apertura o il recupero di strutture a vocazione piú alberghiera che ospedaliera, arrivando a farla percepire come una valida alternativa invernale alla vacanza al mare, specialmente per le famiglie con bambini piccoli.

In realtà la vera scoperta recente per i sardi è proprio il concetto moderno di vacanza, che non appartiene alla cultura dell'isola. Fino a pochi anni fa gli abitanti non andavano «in vacanza», per lo meno non se intesa come ricerca di un altrove dove vivere a un ritmo diverso dal resto dei giorni dell'anno. I tempi di vita diluiti e umanissimi e la vicinanza quotidiana a luoghi di alta qualità naturale non hanno mai fatto diventare lo spazio delle ferie una corsa imprescindibile alla ricerca della boccata di libertà prima di tornare a immergersi nel ritmo lavorativo. Gli orari dei negozi nella maggior parte delle località sono ancora da siesta, con aperture pomeridiane che raramente avvengono prima delle 17. Le festività vengono generalmente rispettate con la chiusura anche da molti esercenti sardi, che ritengono il ferragosto, il capodanno o la pasquetta un loro dirit-

to naturale non cedibile, esattamente identico a quello dei villeggianti giunti da fuori a passare le vacanze, cosa che non manca mai di irritare i turisti che si aspettano negozi aperti, se non
proprio a tutte le ore, almeno a quelle a cui sono abituati. Per
via di questa filosofia del tempo lento, la vacanza per il sardo
non ha in genere il carattere di bisogno primario che può avere per chi lavora in fabbrica tutto l'anno a orari stabiliti; tuttavia, oggi, la maggiore disponibilità economica viene incontro,
se non alla necessità impellente di fuga dal quotidiano, certamente alla voglia di scoprire modi diversi di trascorrere il tempo libero. L'acqua delle terme incontra quindi un crescendo di
popolarità tra i sardi perché si concilia felicemente con la loro
predisposizione culturale a godersi l'attimo, molto piú di quanto non potrebbe fare l'animazione rumorosa di uno dei villaggi
turistici che affollano le coste a disposizione dei turisti.

Le terme predilette dagli isolani sono quelle di Sardara, la
cui tradizione curativa non si è mai interrotta, che godono di
una posizione felice esattamente sulla linea della SS 131, tra
Cagliari e Oristano. La sorgente nel periodo nuragico era sicuramente un santuario di grande importanza dove si svolgeva
probabilmente un culto femminile delle acque, poi cristianizzato col nome di Santa Maria de is Acquas; ad attestarlo ci sono
infatti un pozzo sacro e un nuraghe, posti proprio all'interno
del parco delle terme. In quell'ambiente straordinario l'acqua
arriva in superficie tra i 50 e i 68 gradi, e viene raffreddata fino a raggiungere la temperatura corporea, confluendo in ampie
piscine sia coperte che all'aperto.

Stessa sorte avviene nella regione del Barigadu alle acque
delle terme di Fordongianus, che sgorgano alla temperatura di
54 gradi, ma questa località – che pur trovandosi al centro della Sardegna risulta piuttosto fuori mano rispetto alle strade principali – non è tanto nota per il modernissimo stabilimento termale, uno dei piú all'avanguardia d'Italia, quanto per la bellezza archeologica delle vecchie terme romane, dove domina quasi
intatta la grande vasca rettangolare che in origine era coperta
da una volta a botte. L'acqua che la riempie proviene da una

canaletta che termina con una scultura a forma di testa di pantera, dalla cui bocca esce tuttora l'acqua calda. Le Terme di Fordongianus sono particolarmente interessanti per il sofisticato sistema di pozzi, cisterne e canali utilizzati per immagazzinare e distribuire le acque, un tesoro di conoscenze tecnologiche che furono sicuramente utili alle popolazioni locali per gestire anche acque piú comuni di quelle termali, ma non meno preziose per una regione in cui il primo bisogno è da sempre la sete.

10.

Narrazioni

Gli inganni del verosimile nelle due capitali

Provincia di Cagliari,
regione storica del Campidano di Cagliari,
comune di Cagliari.

Provincia di Nuoro,
regione storica della Baronia,
comune di Nuoro.

Ed ancora conservo il ricordo di quando mia nonna mi portava dopo cena in piazza a sentire cantare i poeti. Con la sedia sulla testa ci incamminavamo per la via principale del villaggio in un corteo che man mano si infoltiva sempre di piú, come formiche. Tutti con la sedia sulla testa. I poeti cantavano e il pubblico giudicava. Nei giorni successivi la gente ricantava le poesie, ma poiché era impossibile ricordarle esattamente, venivano trasformate, «rifatte», in una nuova composizione frantumata in mille frammenti. Per averle intere avresti dovuto radunare l'intero villaggio in un canto collettivo. Per una o due settimane mia nonna mi parlava solo in rima.

Alberto Masala, *Proveniamo da estremi*.

Quando nel suo *Gli artigli degli angeli* lo scrittore Jonathan Carroll mise in bocca a uno dei suoi personaggi lo sdegno e la delusione circa il fatto che in Sardegna da nessuna parte ci fossero le atmosfere descritte ottant'anni prima da Lawrence, probabilmente non sapeva di far recitare una parte già scritta. Quello che maggiormente determina il successo o l'insuccesso dell'impatto con la Sardegna, trattandosi di uno dei luoghi piú presenti e delineati nell'immaginario comune, è la corrispondenza tra ciò che si vede e le aspettative di chi guarda. È vero infatti che esistono le storie dell'isola, e sono mille e piú di mille, ma difficilmente può essere visitata la Sardegna di quelle storie, vicina come è piú a uno stato d'animo che a un luogo vero e proprio: l'isola di Lawrence poteva esistere solo per Lawrence, a prescindere dal diritto che ha ogni cosa di mutare in ottant'anni. Questo non vuol dire che la Sardegna, nonostante le sue contraddizioni, sia una storia che non può essere raccontata da nessuno: piuttosto basterebbe ricordarsi, ogni volta che si legge della Sardegna, che niente sull'isola è mai soltanto un luogo. Potrebbe significare anche questo essere «l'isola delle storie», e in tal caso gli scrittori sardi questa regola l'avrebbero spontaneamente rispettata tutti, sia quelli che hanno ambientato le proprie storie in Sardegna – e sono la maggior parte – sia quelli che, per una declinazione, tutta intellettuale, dell'emigrazione, hanno scelto consapevolmente di non scriverne

mai. È significativo che tra molti di quelli che se ne sono fatti
narratori sia invalsa la scelta di dare ai luoghi nomi inesistenti,
creando volutamente spazi al limite del metafisico. L'impressione che si voglia narrare una Sardegna che non esiste è ingannevole: è invece vero il contrario. L'espediente letterario rispon-
de al bisogno di creare paradigmi, modelli di riferimento per
rappresentare/decodificare la realtà dell'isola almeno in alcuni
dei suoi molti aspetti; niente come il verosimile si presta a servire il vero nelle storie degli autori sardi. Cosí la Fraus in cui
Giulio Angioni ambienta tutte le sue storie rappresenta l'archetipo del caratteristico paese contadino della Trexenta e del Medio Campidano: Fraus non esiste, ma chi venisse in Sardegna a
cercare Fraus con occhio attento, ne troverebbe probabilmente
piú di una. Allo stesso modo, i molti paesi dai nomi inesistenti
scelti da Salvatore Niffoi per le sue storie sono scorci di mondi
sanguigni e densi che potrebbero facilmente raffigurare alcuni
aspetti di uno qualunque dei comuni della Barbagia, pur non
chiamandone nessuno per nome. In questa letteratura fatta a suo
modo di parabole da far intendere a chi ha orecchi per ascoltare, i racconti con ambientazioni non perfettamente collocabili
sulla cartina sono gli unici che possano rappresentare realtà difficilmente afferrabili, con una visita superficiale, perché sfug-
genti e nascoste, scomparse o molto, molto ben dissimulate. Il
paese di Abacrasta, descritto da Salvatore Niffoi in *La leggenda
di Redenta Tiria*, sarebbe la somma delusione di tutti i Jonathan
Carroll di questo mondo, perché si può stare per settimane intere sull'isola, e non vedere mai niente che nemmeno gli somigli:

> Abaca, abaco, Abacuc… Abacrasta, il nome del mio paese, non lo tro-
> verete in nessuna enciclopedia, e neanche segnalato sulle carte geografi-
> che. Al mondo non lo conosce nessuno, perché ha solo milleottocento-
> ventisette anime, novemila pecore, millesettecento capre, novecentotren-
> ta vacche, duecentoquindici televisori, quattrocentonovanta vetture e
> millecentosessantatre telefonini. Abacrasta è famoso solo nel circonda-
> rio, dove lo chiamano il paese delle cinghie. A Melagravida, Ispinarva,
> Oropische, Piracherfa, Orotho, quando passa uno di Abacrasta, si fanno
> il segno della croce e si domandano: «E a quello quando gli tocca?»

Si può visitare la Sardegna anche senza sapere che è la terza regione in Italia per tasso di suicidi in rapporto al numero di abitanti. Una volta riempitisi gli occhi con il suo mare da cartolina non resterebbe molto spazio per incontrare la gente strana del paese inesistente di Abacrasta, che si impicca con la sua stessa cintura; e se anche qualcuno la cercasse veramente, non per questo avrebbe il diritto di indignarsi per non averla trovata al suo posto, come un negozio di souvenir chiuso nell'orario di apertura, o di accusare chi l'ha descritta di macabra pubblicità ingannevole. Chi viene in Sardegna con l'aspettativa di trovare facili corrispondenze al verosimile, rischia di fluire naturalmente nel ruscello artificiale di un agriturismo, dove gli organizzeranno volentieri quello che cercava, ottenendo il paradossale risultato di renderlo soddisfatto di aver visto quel che non esiste, mentre gli è sfuggito tutto ciò che non era predisposto a vedere, soltanto perché non è stato mai narrato prima.

Cagliari, la città diversa.

Di Cagliari si è scritto moltissimo, ma nella gran parte di questi scritti, sia romanzati che diaristici, gli autori usano di preferenza un aggettivo per riferirsi a questa città: *diversa*. Lo fa in maniera relativa Giuseppe Dessí in *Paese d'ombre*, per il quale «Cagliari era diversa dal resto dell'isola». Lo fa Lawrence stesso in maniera piú radicale, attribuendole con il suo consueto linguaggio iperbolico, una alterità in senso assoluto, descrivendo una Cagliari che

> persa tra Europa e Africa, appartiene a nessun luogo. Appartiene a nessun luogo, non essendo mai appartenuta a nessun luogo. Alla Spagna, agli arabi e ai fenici piú di tutto. Ma come se non avesse mai veramente avuto un destino. Nessun fato. Lasciata fuori dal tempo e dalla storia.

Piú di tutti però lo fa Elio Vittorini, che descrive il suo impatto con la città come un incontro con un mondo sottilmente fuori da ogni aspettativa:

Mi sento in un vero albergo, d'una vera città, ma non d'una qualunque città, anzi d'una stranissima, diversa da tutte le altre come le conosco e come le immagino. Perché non so spiegarmi. Vedo mare, vedo piroscafi, vedo automobili, vedo tramvai, vedo case, vedo alberi, vedo quanto è molto comune vedere ovunque, e tuttavia sento che Cagliari è una città assai diversa da qualsiasi altra. È fredda e gialla. Fredda di una pietra e d'un giallore calcareo africano. Spoglia. Sopra i bastioni pare una necropoli: e che dalle finestre debbano uscire corvi, in volo.

In realtà la prima cosa che si nota di Cagliari è una somiglianza, piú che una diversità: come Roma, Istanbul e Lisbona, la città è costruita su sette colli, presentando una conformazione urbanistica obbligatoriamente bizzarra, che costituisce però anche il suo punto di forza. Un elemento di diversità abbastanza rilevante è invece il rapporto sereno della città con il suo porto: contrariamente alla media delle città di mare, che fanno i conti con il degrado che spesso circonda le zone portuali, il capoluogo sardo ha il suo miglior salotto proprio nei quartieri antistanti il mare.

Ad arrivarci in nave sorprendono le facciate dei palazzi in stile gotico aragonese schierati come in parata, tra i quali spiccano la facciata in marmo bianco e i mosaici d'oro del palazzo civico, con i suoi torrioni ottagonali decorati di sculture. Il Sultano dell'Oman, in visita alla città con il suo harem a metà degli anni Novanta, rimase talmente colpito da questa vista che, senza mai scendere dal suo yacht, fece approntare un buffet sontuoso sulla banchina per tutta la popolazione di Cagliari che avesse voluto mangiarne. Forse anche lui avvertí lo strano disagio che pervase Lawrence, quando la città gli sembrò un posto

strano, come se si potesse vederla, ma non entrarci, una visione, un ricordo, qualcosa che è passato. È impossibile che si possa davvero *camminare* in quella città: metterci piede, e mangiarci, e riderci.

Invece scendere a terra vale la pena, perché la città offre molto di piú di un tour per monumenti pregevoli, che pure non mancano. Partendo dalla via Roma, antistante il porto, la città si sviluppa su un terreno collinoso, con i quartieri sovrapposti a piani come una torta nuziale, raggiungibili in piú punti con una sorta di tram verticali, i gratuiti ascensori pubblici di vetro che offrono una splendida vista e dimezzano la fatica di salire le scale strette e ripide. Di giorno gli universitari che affollano le facoltà e gli allievi delle scuole di canto percorrono le vie del quartiere alto di Castello, dove risuonano insieme alle voci dei turisti le note acute di uno strumento musicale o di un soprano che prova un'aria lirica.

Nel quartiere storico di Marina oggi non esiste piú il mercato con le ceste di uova candide disposte in pericolanti montagne. Le piccole case del quartiere sono abitate da comunità di stranieri, con le botteghe di mercanzie ordinate. Nei vicoli stretti, pieni di trattorie che già dal nome sono una garanzia, come la storica «Ci Pensa Cannas», alla sera puoi incontrare il vecchio cagliaritano e il giovane nordafricano che si arrotolano in silenzio la sigaretta di tabacco trinciato. Meriterebbero di essere viste le botteghe, non fosse altro per la mania tutta cagliaritana di accostare gli scurini, di lasciar intravedere la luce dalle piccole porte basse, dando a intendere che dentro vi sia celato un tesoro cosí esclusivo che solo uno sciocco metterebbe un'insegna per farlo sapere.

I quattro piccoli quartieri storici, Marina, Stampace, Villanova e Castello, sono cosí. Ad entrarci di giorno nei loro pertugi si scoprono meraviglie: dietro l'ampio scorcio di largo Carlo Felice, con le sue vetrine, le banche, gli uffici degli avvocati e le moderne guerre per il parcheggio, si aprono stradine dove le auto passano invece a stento, violando spazi evidentemente pensati per un'altra viabilità. Camminando a piedi lungo quei sottoscala si incontrano maestri di mobili antichi e di antichi modi per farli tornare nuovi, laboratori di pellai, ceramisti, o artisti del ferro battuto, rivendite di dolci fatti spandendo volutamente all'esterno solo gli odori, oppure l'insospettabile atelier di una sarta che evidentemente sa già da chi farsi trovare.

Tra una bottega e uno scorcio panoramico colpisce la bellezza di alcune chiese, prima fra tutte la Cattedrale di Santa Maria Assunta, che i cagliaritani chiamano semplicemente Duomo. L'evoluzione della sua struttura ha seguito le fortune politiche

della città: partita da una costruzione iniziale nel 1200 in stile
romanico pisano, subí un rimaneggiamento barocco nel Seicento e un ultimo ritocco negli anni Venti del secolo scorso; quest'ultimo le ha regalato la coreografica facciata attuale, ispira-
ta al Duomo di Pisa, che domina piazza Palazzo con i suoi mi-
nuziosi intarsi marmorei. La Cattedrale, che al suo interno ha
diverse opere pregevoli, tra cui un trittico fiammingo del xv secolo, negli anni in cui la Sardegna era capitale del regno sabaudo fu sede anche di eventi che poco avevano di religioso, come
il giuramento dei cosiddetti Stamenti, che costituivano il parlamento sardo.

Ci sono molte altre chiese nel centro storico di Cagliari, non
altrettanto visibili, alle quali sono spesso legate tradizioni o culti popolari di grande importanza non solo per la città. La principale tra queste è Sant'Efisio nel quartiere di Stampace: la leggenda vuole che sorga sul carcere del santo martire al quale è
legata la festa omonima, probabilmente la piú importante della Sardegna per livello di coinvolgimento. La ricorrenza cade il
1° maggio mentre in tutto il resto d'Italia si celebra la festa del
lavoro, e in quella occasione – al termine della processione vo-
tiva che rievoca il voto fatto al santo in occasione della peste
che colpí la città nel 1657 – la via principale di Cagliari si riempie di decine di gruppi folkloristici provenienti da tutta l'isola,
che sfilano a piedi e su carri tirati da buoi in un lungo percorso
estremamente suggestivo. Per via di questa devozione il nome
Efisio risulta essere statisticamente ancora il piú diffuso a Cagliari, tanto che un fumetto comico molto noto in Sardegna –
con protagonista un personaggio che incarna i tratti della piú
tipica «cagliaritanità» – si chiama proprio con il diminutivo di
Fisietto. Dopo aver fatto il pieno di monumenti e negozi, la sera il centro della città ci offre un altro volto e si anima col pi-
glio godereccio di una piccola Barcellona; la vita si sposta dai
portici ai bar pergolati di piazza Jenne o nel quartiere di Castello, dove si beve e si fa musica fino al mattino e la gente si sdraia
a godersi il cielo notturno nei divani a baldacchino collocati al-
l'esterno dei locali alla moda, sull'immensa piazza sospesa del

bastione Saint Remy. Da questa piazza in cima alla fortificazione si gode la spettacolare vista dell'intero lato a mare di Cagliari, ma Lawrence restò maggiormente colpito dalla piazza stessa, piú che dalla vista:

> A metà c'è uno strano posto chiamato i bastioni, un ampio spazio pianeggiante simile a una piazza d'armi con alberi, curiosamente sospeso sopra la città, e dal quale parte un piano inclinato, simile a un ampio viadotto di traverso sopra la scala a chiocciola che si inerpica verso l'alto. Sopra i bastioni, la città continua a salire ripida verso la cattedrale e la fortezza. Quello che è singolare è che questa terrazza o bastione sia cosí ampia, come un grande campo di gioco, tanto da essere quasi desolata, e non si riesce a capire come faccia a stare sospesa a mezz'aria.

Per la particolare conformazione della città, a Cagliari di vedute dall'alto ce ne sono veramente tante, e spesso sorprendono come boccate d'aria dopo un lungo camminare in salita tra i vicoli angusti, veri e propri scorci tra i palazzi storici. Ma i panorami sbucano anche da piccole piazzette incastonate tra i vicoli, dove si può arrivare all'improvviso e trovare un artista alle prese con uno strumento musicale, o uno scrittore che legge da un suo testo, davanti al pubblico in silenzio di un ristorante all'aperto. La sera piú fortunata per visitare il centro è quella della festa popolare di uno dei quartieri a mare, per esempio Stampace a fine giugno, quando la salita verso la monumentale facciata dell'Ospedale Civile viene chiusa con le transenne per permettere alla gente di tirare fuori dalle case tavoli e sedie, cibo e vino; sulla scalinata della chiesa di Sant'Anna quella sera si balla fino a notte fonda e la gente arriva spontaneamente anche dai quartieri vicini, insieme ai turisti che a mezza estate affollano le notti della città dopo aver trascorso la giornata sulla spiaggia del Poetto. Cagliari è infatti il capoluogo di regione con il litorale cittadino piú esteso (quasi otto chilometri) e fino a qualche anno fa anche una delle spiagge piú belle in assoluto nel Mediterraneo, con una sabbia bianchissima sottile come borotalco e un'acqua limpida verde smeraldo. Oggi il litorale è piú banalmente grigio e l'acqua, anche se pulita, è opalescente in seguito all'incredibile decisione, poi contestata come reato ecologico agli amministratori responsabili, di asporta-

re un altro tipo di sabbia dai fondali, per riversarlo a riva nel
tentativo dissennato di rimediare ai danni della depredazione
della rena originaria per uso edilizio. Il deturpamento rimarrà
probabilmente per anni a segnare con un'ombra la linea della
spiaggia, quasi a smentire la suggestione di Lawrence che lascia-
va intendere una Cagliari sospesa in uno stato di intangibilità.
Non è ovviamente realistico aspettarsi che la città sia stata davvero «lasciata fuori dal tempo e dalla storia» piú di altri luoghi;
al contrario, da nessuna parte in Sardegna si scorgono altrettanto bene i segni della successione degli eventi storici, rivelan-
do la città come fulcro di un percorso molto piú complesso rispetto al resto dell'isola, probabilmente protetto dalla sua stessa dispersione. La traccia piú visibile e dolorosamente vicina
del maggior protagonismo di Cagliari sono i segni dei bombar-
damenti della Seconda guerra mondiale, che nel 1943 rasero al
suolo l'80 per cento della città per opera dei cacciabombardie-
ri statunitensi. Il perché gli alleati abbiano scaricato una quantità cosí enorme di bombe su una città decisamente periferica
rispetto al conflitto, è perfettamente descritto dallo scrittore
Alessandro de Roma:

> Quei bombardamenti erano stati il frutto di una combinazione degli
> eventi. Cosí piú o meno andarono le cose. Allo scopo di confondere le
> idee a Hitler (che cascò in pieno nella trappola), dopo lo sbarco in Afri-
> ca gli alleati cominciarono a bombardare sistematicamente la Sardegna,
> e in particolare la città di Cagliari. Il piano era il seguente: se i nazi-fasci-
> sti vedranno che bombardiamo tanto la città piú importante dell'isola,
> penseranno che ci stiamo preparando a sbarcare. Costringeremo le trup-
> pe dell'Asse a spandersi e disgregarsi in un territorio molto esteso in lun-
> ghezza: completando l'occupazione dell'isola, noi avremmo ottenuto una
> piattaforma parallela per bombardare la penisola italiana: una portaerei
> gigante al centro del Mediterraneo. Un rischio gravissimo per i tedeschi.
> Intanto, mentre Hitler si convincerà di questo ragionevole piano e si pre-
> parerà a difendere la Sardegna, sicuro di averci preso nel sacco, noi prepa-
> reremo lo sbarco vero e proprio in Sicilia, cogliendo il nemico di sorpre-
> sa. Non male: Cagliari stava per essere rasa al suolo per scherzo.

Per quel sacrificio Cagliari ricevette la medaglia al valore come città martire, e oggi alcuni segni di quello scempio sono ancora visibili nel centro storico, in forma di squarci o residui la-

sciati incastonati nelle mura pisane ad aggiungere memoria a memoria. Non si può dire che la città non fosse abituata a rivoluzioni e ricostruzioni: praticamente ogni dominazione che si è succeduta nell'isola ha preso Cagliari come sede naturale, e ogni cambio della guardia ha comportato scelte urbanistiche spesso drastiche, con la distruzione o la completa modifica di interi quartieri. E la rivoluzione non è finita; quella odierna per Cagliari è lenta, ma pesante come un nuovo bombardamento: il declino economico ha determinato negli ultimi vent'anni un calo demografico di cinquantamila abitanti, in parte spostatisi nell'hinterland, in parte semplicemente andati via. Già perché sono sempre di meno i giovani che ritornano indietro da un corso di studi oltre il mare. È presto per determinare se gli investimenti fatti negli ultimi anni in materia di innovazione, come l'istituzione del Centro Ricerche di Pula fondato dal Premio Nobel Carlo Rubbia, possano realmente invertire la tendenza, e fare sí che esempi di pionierismo tecnologico come Video On Line e Tiscali non restino casi unici.

Nuoro da esorcizzare.

È ancora da leggersi uno scrittore di qualche rilevanza che abbia parlato incondizionatamente bene di Nuoro. Questa città sembra capace di suscitare prevalentemente giudizi duri, in chi vi nasce. Grazia Deledda e Salvatore Satta, i piú determinanti nell'aver costruito un immaginario intorno alla città barbaricina, non le risparmiarono nulla, ed essendone entrambi figli e profondi conoscitori, venne facilmente da credergli.

Non hanno aiutato a migliorarne l'immagine i fatti di cronaca nera di cui è stata protagonista negli anni la sua provincia; la loro eco nazionale e internazionale, amplificata da scrittori stranieri come Valery che avevano viaggiato per la Sardegna in quegli anni, ha gradualmente fatto percepire all'opinione pubblica questa città e i suoi dintorni come un luogo non molto ospitale, certamente poco desiderabile come meta turistica: un posto dove per andarci serve un ottimo motivo. La delusione del visitatore in questo senso ha qualcosa di comico: ci si resta quasi male a scoprire una Nuoro colta e tranquilla, a non trovarci nessuna apparente evidenza della barbarie predetta, di luoghi e di persone. Scrive Satta:

> La gente di Nuoro è come un corpo di guardia di un castello malfamato: cupi, chiusi, uomini e donne in un costume severo, che cede appena quanto basta alla lusinga del colore, l'occhio vigile per l'offesa e per la difesa, smodati nel bere e nel mangiare, intelligenti e infidi.

A dispetto dell'elevata incidenza di fatti di sangue sul suo territorio provinciale, Nuoro è stata per lungo tempo anche il fulcro culturale dell'isola, tanto da meritarsi a cavallo tra il XIX e il XX secolo il titolo pomposo di «Atene sarda». In questo senso non furono solo la Deledda e Satta a darle lustro, ma anche lo scultore Francesco Ciusa, che nel 1907 vinse la Biennale di Venezia con la famosa scultura *La madre dell'ucciso*, di cui una copia è riprodotta proprio sopra alla tomba dell'artista, nella chiesa dei Salesiani di Don Bosco. Quella stagione felice per il nuorese non è finita, e oggi porta i nomi del regista Salvatore Mereu, del musicista Paolo Fresu che vi ha fondato il seminario di jazz, dello scrittore Marcello Fois e di una avanguardia di giovani artisti che ha trovato il suo spazio di respiro naturale nel MAN, che ospita una ricca collezione permanente dei più significativi figurativi sardi.

Questo non significa che Nuoro sia divenuta nel tempo una città senza echi oscure, o che basti la somma delle vitalità artistiche dei singoli a modificarne il profilo economicamente e socialmente depresso che ancora sta alla base di molte delle sue difficoltà. Resta comunque un capoluogo d'Italia dove non arrivano i binari della ferrovia statale, e anche il trenino regionale che la raggiunge non la collega agli altri centri sardi. La città, fino a quando le province in Sardegna sono rimaste quattro, era la sola tra i capoluoghi a non essere vicina al mare e a non avere un aeroporto a servizio diretto del suo territorio. Nonostante questa oggettiva difficoltà a raggiungere la penisola nonché gli altri centri sardi da cui è relativamente distante, Nuoro non è ancora sede di un ateneo autonomo, e le poche facoltà che vi tengono corsi sono gemmazioni dell'Università di Cagliari e Sassari. Con un quadro infrastrutturale e culturale cosí desolante, verrebbe da dire che le eccellenze, piú che segni della vitalità di Nuoro, sono divenute tali *nonostante* Nuoro. Eppure proprio Grazia Deledda, pur consapevole di questa contraddizione tra le potenzialità e la loro possibilità di realizzarsi, aveva intuito la dimensione fortemente rappresentativa della sua città per l'identità dell'intera isola, tanto che nel 1894, quando il futuro Premio Nobel aveva solo ventanni e Nuoro appena settemila abitanti, arrivò ad affermare che:

> È il cuore della Sardegna, è la Sardegna stessa con tutte le sue manifestazioni. È il campo aperto ove la civiltà incipiente combatte una lotta silenziosa con la strana barbarie sarda, cosí esagerata oltre mare.

Questa convinzione è propria anche di Salvatore Satta, che attraverso l'ossessione per la centralità di Nuoro come luogo simbolico, al di là dei giudizi feroci che le dedica, rivela un pensiero che traspare da tutte le sue opere: anche per lui questa città è un doloroso paradigma della sardità.

A Nuoro effettivamente l'insularità raggiunge l'apoteosi di alcune delle sue caratteristiche, sublimando soprattutto quella radicalità dei sentimenti che vuole il barbaricino capace solo di estremismi del cuore. Che il resto dei sardi si riconosca o no nell'accostamento, resta comunque il fatto che la chiave di lettura della sardità incarnata da Nuoro e dal nuorese, se non è la piú autentica, certamente è ancora la piú rappresentata, nel cinema, attraverso il mezzo televisivo o nella letteratura. Non di rado questo avviene in maniera caricaturale, e soprattutto nelle trasmissioni televisive si osserva la rappresentazione di versioni ridicolizzate del canto *a tenore*, tipico del nuorese, o dei segni della cultura pastorale sarda come esemplari indici di arretratezza. Alcune gag di comici molto noti e soprattutto il doppiaggio italiano della popolarissima serie di cartoni animati dei Simpson hanno trasfuso perfettamente – emblematica la figura di Willy il bidello rozzo e brutale, dai pensieri elementari in prevalenza violenti – gran parte delle sfumature di questa interpretazione deforme della sardità, contribuendo a rafforzarla.

Sorprende osservare che spesso sono proprio artisti sardi a svolgere il ruolo dissacrante di rappresentare questo volto caricaturale della Sardegna interna, in un atto di autolesionismo culturale che ha in sé qualcosa di esorcistico: di Nuoro intesa come luogo simbolico ci si vergogna, e si finisce per ridere di ciò che di se stessi si crede appaia ridicolo agli occhi degli altri, nel tentativo catartico di sottintendere che, se ne ridono i sardi, è perché neppure loro in quegli archetipi riconoscono le radici della propria identità.

Eppure sono tanti i segni che dicono il contrario; non è un caso se a Nuoro e non altrove si trova l'Istituto Superiore Etnografico, un vero e proprio museo della vita e delle tradizioni popolari dell'isola, l'unico di diretta emanazione della Regione Sardegna. Abiti, gioielli, manufatti, strumenti musicali e utensili di lavoro sono esposti in una struttura complessa che riproduce anche fisicamente un villaggio sardo tra la fine dell'Ottocento e l'inizio del Novecento. Se però si preferisce, ai pur ben fatti manichini, una visione meno mediata della realtà socioeconomica del nuorese, per molti tratti poco variata rispetto a quella rappresentata nel museo, l'appuntamento irrinunciabile è con la manifestazione *Cortes Apertas*; si tratta di una serie di eventi distribuiti nell'arco temporale che va da settembre a dicembre, e che vede coinvolti venticinque piccoli paesi della Barbagia con esposizioni, degustazioni dei prodotti locali, esibizioni musicali e di danza tradizionale e soprattutto la sperimentazione diretta di uno dei lati meno controversi dello spirito del nuorese: l'accoglienza sacrale per l'ospite.

Femminilità
Giudici, madri, madonne, streghe e Premi Nobel

Nessun luogo preciso dell'isola,
precisamente tutti i suoi luoghi.

La donna che dorme nel cielo
Appare in nascite fugaci
Indica lampi ad ogni primavera
Dissemina colore
Tesse i ritmi d'amore
Diventa litania di melodie
E dopo si riposa sottovoce.
E noi siamo felici
Perché gli uomini non possono vederla

Alberto Masala, *Taliban*.

Quando nel 2006 il giudice del tribunale di Hannover comminò una condanna ridotta all'emigrato di origine sarda che aveva segregato e abusato della fidanzata lituana, adducendo come attenuante «il quadro del ruolo e della donna esistente nella sua patria», furono moltissime le voci indignate che si levarono per protestare contro il sapore fortemente razzista della sentenza.

Ma le molte personalità sarde chiamate a commentare in merito ebbero da discutere non tanto sulla pretestuosa questione etnica, visto soprattutto che l'etnia sarda non esiste, quanto sull'idea di una presunta supremazia maschile in Sardegna, che bollarono addirittura come ridicola. Il motivo è che sull'isola da che c'è memoria c'è matriarcato, in una forma di organizzazione sociale tutta imperniata sul ruolo dominante della donna, che riveste funzioni chiave nella gestione dell'economia e della cultura, senza peraltro che questa predominanza sia stata frutto di lotte sociali o sia considerata conquista di qualche valore. È così semplicemente da sempre. In una società pastorale dove l'uomo sta lontano da casa settimane per consentire la transumanza del bestiame al pascolo, o addirittura mesi per lavorare in miniera, senza fare ritorno se non per portare i soldi e ripartire, è perfettamente normale che la donna abbia assunto compiti (che altrove fanno ancora invocare le quote rosa) come la gestione completa dell'economia, dell'educazione e dell'organizzazione politica e giuridica del mondo affidatole, casa, terreno o regno che sia.

Che in Sardegna vigesse una sostanziale parità tra i sessi, quando non una dominanza pacifica della donna, se ne accorse anche Lawrence. Durante il suo viaggio negli anni Venti lo scrittore venne a contatto superficiale con il modo di fare femminile sardo, che ai suoi occhi apparve molto diverso dagli altri che aveva visto in giro per l'Italia:

> Sono divertenti, queste ragazze e donne contadine, cosí vivaci e spavalde. Le loro schiene sono dritte come piccoli muri, e le sopracciglia decise e ben disegnate. Stanno sul chi vive in modo divertente. Non c'è nessun tipo di servilismo orientale. Come uccelli vivaci e svegli, sfrecciano per le strade, e ti rendi conto che ti darebbero un colpo di testa con la stessa facilità con cui ti guarderebbero. La tenerezza, grazie al cielo, non sembra essere una qualità sarda. [...] Qui non fanno quei grandi occhi cupidi, l'inevitabile sguardo «ai vostri ordini» dei maschi italiani. Quando gli uomini della campagna guardano queste donne, lo sguardo dice arrangiati da sola, signora mia. Direi che la strisciante adorazione della Madonna non è proprio una caratteristica sarda. Qui le donne devono badare a se stesse, tenere la schiena dritta e i pugni duri. L'uomo diventa il maschio signore se ci riesce. E nemmeno la donna è disposta a cedere terreno. [...] L'uomo sardo non vuole la «donna nobile, nobilmente pensata». Grazie, no. Vuole quella giovane signorina laggiú, un tipo come lei, della generazione giovane, con il collo eretto.

Al di là del quadro stereotipato di una donna sempre «con il collo eretto», almeno in una cosa Lawrence ci aveva visto giusto: la donna in Sardegna, in modo particolare nelle zone interne, si muove da tempo in una condizione culturale pari all'uomo, perché si è trovata a vivere spesso in circostanze in cui doveva badare a sé e a quel che aveva intorno con la stessa misura di autonomia e responsabilità con cui agiva il suo compagno in altro ambito.

Questa emancipazione è quindi frutto necessario della solitudine e della durezza della vita agropastorale, piú che una qualche raggiunta (o eventualmente concessa) consapevolezza paritaria. Sarebbe un errore credere che l'emancipazione si sia giocata solo tra le mura domestiche, magari nell'amministrazione silenziosa delle finanze familiari: la donna in Sardegna ha da tempo accesso a ruoli pubblici dove comunemente nel resto d'Italia si fatica a trovare spazi di riconoscimento, come la politica, la ricerca scientifica o l'economia.

L'archetipo della femminilità sarda, dai tratti quasi leggendari, è costituito in questo senso dalla figura storica di Eleonora, che alla fine del 1300 resse il Regno d'Arborea in qualità di giudice *ad interim* per conto prima del marito Brancaleone, incarcerato, e poi del figlio minorenne, negli anni in cui la parte considerevole di Sardegna che rientrava sotto il controllo degli Arborea viveva il suo personalissimo rinascimento. Dalle sue mani uscí la *Carta de Logu*, un documento giuridico totalmente in lingua sarda di grande importanza per il diritto europeo, perché per molti giuristi si configura come il primo esempio di costituzione scritta di uno stato libero, con norme legate al territorio e ai diritti di chi lo abita. Le norme della *Carta* rimasero in vigore per 350 anni, fino a quando nel 1827 venne sostituita dal codice feliciano di matrice sabauda. Non è un caso se i sardi fondano a quel periodo la consapevolezza di essere stati veramente una nazione, e di esserlo stati in mano a un giudice donna lungimirante e forte, della quale oggi resta saldo il ricordo soprattutto nella città di Oristano, antica sede del giudicato; qui, nella piazza principale, la figura in marmo del giudice legislatore Eleonora domina l'edificio municipale con un dito curiosamente sollevato. Niente di strano quindi, con un tale esempio, se in tutta la Sardegna, soprattutto in quella piú rurale e apparentemente arretrata delle zone interne, già da tempo le donne assumano normalmente ruoli di rilievo anche nella gestione della cosa pubblica.

Nel 2002 molti ricorderanno il clamore fatto intorno all'avvocato Maddalena Calia, eletta sindaco a Lula, un paese barbaricino tra i piú interessati dal fenomeno delle faide e dal rifiuto delle istituzioni in qualunque forma si presentassero. L'elezione della Calia avvenne dopo dieci anni di vuoto istituzionale completo, dove la municipalità era retta da commissari prefettizi e nessuno osava presentarsi alle elezioni per timore di rappresaglie della criminalità locale. Il rumore mediatico nazionale, che in Sardegna era guardato con sincero stupore, metteva molto in risalto il fatto che per il resto d'Italia invece doveva costituire una notizia rilevante, ovvero che il candidato eletto fosse una donna, dimenticando che anche l'ultimo sindaco di Lula che dieci anni prima aveva rimesso il mandato era stato a sua volta una donna.

Mentre a livello nazionale le donne assumono ancora compiti politici che sono considerati vicini alla presunta sensibilità femminile (Istruzione, Sanità, Pari opportunità e simili), in Sardegna, dopo le elezioni per il consiglio regionale del 2004, furono affidati a donne, tra gli altri, anche l'assessorato all'Industria, quello al Lavoro e quello al Turismo, Artigianato e Commercio.

Nella formazione della concezione paritaria del ruolo della donna in Sardegna deve aver giocato la sua parte anche la matrice religiosa, che fino all'avvento del cristianesimo aveva mantenuto una forte connotazione femminile sia nell'adorazione di specifiche divinità legate alla terra e al concetto di fertilità, sia nell'esercizio del potere religioso vero e proprio, attraverso forme di sciamanesimo o di sacerdozio rituale affidate principalmente o esclusivamente a donne.

Il culto del principio femminile in quanto latore di vita è attestato archeologicamente in tutta la Sardegna e in molte forme, che vanno dal culto miceneo delle acque e della bipenne a quello nuragico e poi fenicio della Dea Mater.

Le teorie assai piú spericolate del giornalista e scrittore Sergio Frau fanno risalire la fede nella Dea alla stimabile origine anatolica dei primi abitanti della Sardegna, i mitici Shardana, che si sarebbero portati appresso sulle rotte verso l'isola la loro religione fatta di grandi donne morbide:

> [...] grandi sbarchi dall'Anatolia, terra di pastorizia e di miniere e di kilim geometrici come quelli sardi della tradizione. E di occhi all'ingiú come li aveva Berlinguer e li hanno in mille paesi nel centro dell'isola, e di formaggi acidi, e di dee madri, quelle potentissime che in parte sopravvivono ancor oggi nel matriarcato barbaricino. Proprio la Dea Madre benedí quei loro viaggi. Arrivati qui, la ringraziarono continuando ad adorare lo strano mistero del suo ventre che di tanto in tanto, a sorpresa, chissà come mai, si gonfiava a dismisura per dare la vita. Dee madri gras-

se e poppute, dalle anche tondeggianti e le cosce smisurate proteggono – incise nelle tombe, scolpite in statuette, deportate nei musei – le prime morti dei nuovi sardi, il loro nuovo viaggio stavolta nell'aldilà.

Da dovunque venisse il culto, quello era comunque lo scenario con cui si trovò ancora a competere, decine di secoli dopo, il giovane cristianesimo, che inizialmente dovette fare una gran fatica a cercare di ridimensionare la sacralità della figura femminile, cosí ampiamente radicata specie nelle regioni piú interne dell'isola. Non riuscendovi completamente, optò con tutta probabilità per una fase iniziale di convivenza e sincretismo: molte sono infatti le fonti antropologiche e archeologiche concordi nel sostenere che la gran parte dei luoghi attualmente deputati all'esercizio della spiritualità mariana, o di altre sante cristiane, fossero in realtà centri di culto dove venivano venerati principi divini o naturali con caratteristiche femminili, prevalentemente nei pressi di pozzi sacri o fonti spontanee considerate oggi curative, ma fino a ieri taumaturgiche.

I simboli e i protagonisti delle religioni piú antiche vennero demonizzati o ridicolizzati con l'intento di indebolire quei culti che però non si lasciarono sradicare in tempi brevi: capitò a Dioniso, ma capitò soprattutto alle espressioni femminili della divinità, che assunsero caratteristiche via via meno amichevoli, fino a mutarsi in veri e propri esseri malefici, e i loro luoghi in posti maledetti.

Ancora oggi sopravvive intorno all'acqua dei pozzi sacri la diceria, del tutto infondata, che chi la beve divenga pazzo; interi paesi si portano appresso questa fama, per aver avuto la ventura di essere stati centinaia di anni fa interessati al culto di una fonte di acqua sacra: per esempio capita ai comuni di Seneghe, Paulilatino e Bonarcado relativamente al pozzo di Santa Cristina nelle loro vicinanze.

Anche gran parte delle leggende sarde rivelano questo meccanismo di sovrapposizione ogni volta che le protagoniste sono creature femminili; tutte le storie che rivelano la presenza di un controluce di natura sciamanica finiscono per parlare di donne con caratteristiche demoniache.

Cosí andare a cercare le *janas*, bellissime piccole fate tessitrici d'oro che abitano gli anfratti delle rocce, può farti trovare tesori incommensurabili, ma anche sottrarti per sempre al tuo mondo, facendoti perdere il senso del tempo come nella mitica Avalon dei celti: al tuo ritorno nessuno dei tuoi cari sarà piú vivo da decenni.

Alla riva del fiume lo spirito delle acque può mostrarsi in forma di *pana*, apparentemente una donna come un'altra intenta a lavare i suoi panni, ma in realtà spirito maligno di qualche madre uccisa dal parto del suo stesso figlio, che tornerà a casa con te per soffocare il tuo e prendersene l'anima.

La suocera contraddetta o maltrattata può celare una *coga surbile*, eco dell'antichissima fede in Diana-Erodiade, che di notte si unge di oli magici e si trasforma in insetto volante (evidenti gesti di retaggio sciamanico), entrando in casa dalle serrature per succhiare il sangue del nipotino che malauguratamente non fosse ancora stato battezzato.

Se queste leggende riportano indietro l'orologio di migliaia di anni e nessuno oggi, nella Sardegna cristianizzata, ha piú consapevolezza di cosa celino, altre figure femminili hanno continuato a conservare fino a pochi decenni fa un ruolo che potremmo definire persino parasacerdotale, o comunque rituale. Si tratta di ruoli legati alla nascita e alla morte come momenti chiave dell'esistenza, ma presenti anche nei punti nodali del suo sviluppo, quando la salute della mente, del corpo o dell'anima sono minacciate ed è necessario rinforzarle. Alcuni di questi ruoli sono stati esplicitamente condannati e combattuti dalla Chiesa Cattolica nei secoli scorsi, anche con pronunciamenti espliciti dei sinodi locali che dettavano regole severissime per chi esercitasse le pratiche che ne costituivano l'oggetto.

La piú osteggiata nei documenti ufficiali fu indubbiamente *sa pranghidora* o *attittadora*, colei che praticava il pianto rituale al capezzale del morto sul modello greco delle prefiche dell'età classica. È credibile che il termine *attittadora* possa derivare etimologicamente da *titta*, cioè seno, e una delle interpretazioni piú suggestive di questo ruolo sarebbe quindi quella di una figura che fa da balia al morto, cantando per lui *l'anninnia*, la nin-nananna, mentre gli somministra l'ultimo latte. Il peso scenico di questa figura era tale che i parroci stimarono necessario vietare alle *attittadoras*, quasi sempre parenti o amiche della famiglia del defunto, di partecipare ai funerali religiosi, pena la sospensione delle esequie; il divieto ha generato l'usanza, ancora diffusa al centro dell'isola tra le donne piú anziane, di fare la veglia funebre in casa del congiunto senza partecipare al funerale, dando luogo a una sorta di parallela liturgia del dolore. Il motivo del divieto è da ricercarsi non solo nell'impatto emotivo di quel pianto rituale, che poteva avere l'effetto di straziare i presenti al punto da rendere vano qualunque richiamo alla speranza cristiana, ma soprattutto nel risultato di esasperare gli eventuali sentimenti di vendetta che potevano esserci nel parentado in caso di morte violenta del defunto, benché il nome del presunto colpevole non venisse mai pronunciato da colei che celebrava il rito del pianto.

L'altra figura, che in molti paesi è ancora presente, è quella de *sa pratica*, la donna «pratica» di misteri di varia natura, con conoscenze che spaziano dal compito della levatrice a quello della sciamana che caccia il malocchio, guarisce una irritazione cutanea o cura con erbe psicotrope le turbe dell'animo dovute a un forte spavento. Questa figura, talvolta erroneamente accostata alla comune fattucchiera, è in realtà spesso depositaria di efficaci medicine popolari di cui va perdendosi memoria, oltre che di suggestivi rituali, del tutto inutili ma indubbiamente molto antichi e rivelatori di interessanti stratificazioni religiose. Queste anziane donne, in via di scomparsa, sono probabilmente tutto quello che resta di una schiatta di figure sacerdotali femminili preposte a ben altro scopo che guarire i porri o l'insonnia, anche se poi facevano anche quello. Una delle operazioni piú suggestive e meno note affidate alla *pratica* apparteneva alla categoria della medicina popolare, e riguarda il caso di una particolare forma di tarantismo praticata in Sardegna fino almeno alla metà del secolo scorso, quando non era infrequente che si verificasse il caso di qualcuno morso dall'unico ragno mortale presente sull'isola: la malmignatta, detta in sardo *argia*. Popolarmente è diffusa la credenza che il morso appartenga solo al ragno femmina, e che sia indispensabile individuare lo «stato civile» dell'aracnide per affrontarne il veleno. La vittima, in preda al tremore derivante dal morso, veniva dunque fatta distendere su un mucchio di letame, che doveva poi anche ricoprirla (presumibilmente per indurre la sudorazione); a quel punto prendevano alternativamente a danzargli intorno, secondo un preciso passo di ballo, nell'ordine: sette nubili, sette vedove e sette donne coniugate. Quando il tremore della vittima cessava, significava che lo stato del ragno che aveva morso corrispondeva a quello delle donne che eseguivano la danza in quel momento. Le *praticas* erano dunque donne-medico secondo quella che era la medicina, e donne-sacerdote secondo quella che era la religione, aspetti che nella Sardegna antica il piú delle volte erano perfettamente coincidenti.

La terza e piú suggestiva figura ha i tratti della leggenda, e sebbene la sua esistenza sia stata piú volte attestata specialmente in Barbagia, Barigadu e Gallura, vi sono tuttavia diversi antropologi che ne contestano la funzione e il riconoscimento del ruolo sociale all'interno delle comunità in cui ne è stata ritrovata traccia. Si tratta de *sa femina accabadora*, una donna (ma in rarissimi casi qualcuno sostiene potesse anche trattarsi di un uomo) preposta ad intervenire sui malati terminali per porre fine alla loro agonia, su richiesta dei familiari o, se cosciente, dello stesso morente. Questa eutanasista *ante litteram*, attorno alla cui figura è sorta negli ultimi anni una ricca produzione soprattutto saggistica, suscita ancora molti interrogativi, sia perché aveva un ruolo veramente poco evidente, e dunque malamente attestabile, sia perché le testimonianze sul suo operato giungono certe almeno fino al 1952, quando nel paese di Orgosolo fu arrestata una donna accusata di aver praticato questa funzione su uno specifico moribondo. Il caso fu poi archiviato, non in quanto il fatto non fosse realmente avvenuto, ma piuttosto perché fu riconosciuto l'intento pietoso dell'operato della donna, grazie anche alla testimonianza dei familiari del defunto. Lo strumento che si crede usasse *sa femina accabadora* per praticare il suo compito è possibile osservarlo nel museo del paese di Luras, in provincia di Olbia-Tempio nel cuore della Gallura: si tratta di un pezzo di legno rozzamente acconciato in foggia di martello, anche se le testimonianze in merito al suo reale uso sono vaghe, controverse e in alcuni casi lo smentiscono, indicando altri strumenti o sistemi. In ogni caso anche il ricordo di questa figura prettamente femminile rimanda all'assegnazione di compiti e ruoli che nel passato della Sardegna primitiva probabilmente avevano una valenza rituale, in quanto legati ai momenti spontaneamente mistici della vita e della morte.

Tutti questi retaggi proiettano luci e ombre sulla percezione della figura femminile attuale in Sardegna, che oscilla tra il rispetto e le contaminazioni di un conflitto tra i sessi che, pur non appartenendo tradizionalmente alla cultura dell'isola, l'ha comunque raggiunta e la permea, mutandola lentamente come tutte le invasioni hanno fatto in passato. Qualcosa è sicuramente cambiato, e la portata della perdita del senso di sacralità ancestrale legata alla figura femminile si è rivelata appieno ai sardi stessi per la prima volta con il rapimento di Silvia Melis, donna, madre e sarda al contempo, che nel 1997 scosse le coscienze degli abitanti dell'isola come nemmeno il sequestro del piccolo Kassam aveva saputo fare. Silvia Melis divenne imprevedibilmente icona della Sardegna rapita da se stessa e autovulnerata nel suo simbolo piú antico e radicato: la Mater. Attorno a quel sequestro non fiorí quel silenzio omertoso che in passato era stato letto anche come tacito sostegno, perché in quella occasione l'intera Sardegna fece quello che non era mai riuscita a fare in precedenza: si dissociò visibilmente e fortemente dai rapitori, sia con gesti altamente simbolici come quello del lenzuolo bianco alle finestre di interi paesi, anche in Barbagia e in Ogliastra, sia con segni tangibili di solidarietà, come l'invio delle mille lire sul conto corrente aperto appositamente da un comitato spontaneo per sostituire in via simbolica quello congelato dalla magistratura alla famiglia Melis, affinché non potesse corrispondere il riscatto chiesto dai rapitori. Quest'ultimo in particolare fu un gesto senza precedenti, con il quale i sardi tutti si facevano garanti di quello specifico riscatto, come se in ostaggio ci fosse la figlia, la madre e la sorella di tutti. In un certo senso lo era davvero, tanto che il gesto non fu ripetuto mai piú per i fortunatamente pochi sequestri successivi, e che per questo resta significativamente legato alla persona della giovane Melis, simbolo suo malgrado di una femminilità nata come espressione del divino e finita ostaggio, oggetto senza altro valore che il prezzo del riscatto. Con una certa amara ironia, risultò essere imputata del rapimento, insieme ad altri due uomini, l'anziana madre di uno dei due che proprio secondo la testimonianza lucida di Silvia Melis le avrebbe fatto da carceriera per tutto il tempo in cui fu trattenuta di nascosto nell'abitato di Nuoro.

C'è un'altra figura femminile che viene associata immediatamente alla Sardegna nell'immaginario comune estraneo all'isola, ed è Grazia Deledda. Ma a differenza di quanto si potrebbe pensare guardando dall'esterno, pur essendo la Deledda la donna sarda maggiormente conosciuta nel mondo, non ha mai incarnato nella percezione dei sardi la femminilità dell'isola, e ancora meno la sardità. La scrittrice, già prima di ricevere il premio Nobel, non era infatti popolare in nessuno dei sensi possibili in Sardegna; proprio la sua Nuoro amava ricambiare le accuse di barbarie fatte all'isola – e alla Barbagia in modo particolare – di cui la Deledda era sempre prodiga a mezzo stampa e nei suoi scritti, apostrofando quella sua illustre figlia con il poco onorevole titolo di «bagassa». Oggi monumenti, scuole, biblioteche comunali e molti dei circoli dei seicentomila emigrati sardi sparsi per il mondo portano volentieri il nome del Premio Nobel, ma nel momento in cui il fenomeno deleddiano esplodeva in tutta la sua forza, la Sardegna percepí la figura della scrittrice con lo stesso valore che si attribuisce a un'apostata, a una serpe allevata in seno. Il motivo non era, al di là di ogni possibile equivoco, perché la Deledda dandosi alle lettere si fosse emancipata dal ruolo che nella sua cultura veniva assegnato alla donna. Al contrario, la liturgia del racconto in Sardegna, con i suoi tempi, i suoi luoghi e le sue forme letterarie specifiche, è atto molto piú femminile che maschile. Non c'era nulla di strano per nessuno che una donna divenisse narratore, anche di enorme fama, in un mondo in cui praticamente ogni focolare era a suo modo un circolo letterario. Le si attribuí invece l'errore imperdonabile di aver spostato l'asse della narrazione dal terreno sicuro, condiviso e soprattutto impersonale delle storie tradizionali a quello del realismo, con tematiche se non proprio orientate al vero, quantomeno al verosimile; la Deledda, alla ricerca di una cifra stilistica che l'avvicinasse al nascente romanzo italiano, scriveva per rivelare la realtà come l'aveva percepita, denudata dalle categorie consuete dell'immaginario tradizionale sardo, che avrebbero probabilmente collocato la sua opera nella tutt'al piú pittoresca categoria del racconto folk. I sardi le imputarono quindi il peccato che per tutti, maschi e femmine indistintamente, sull'isola è considerato imperdonabile: la perdita della riservatezza su se stessi, come singolo o come corpo collettivo.

Per la cultura sarda custode naturale di ogni mistero e segreto, una donna che raccontava «le cose di casa» sulle pagine dei giornali nazionali compiva già un atto socialmente imperdonabile. Ma Grazia Deledda vi aggiungeva l'aggravante di averlo fatto usando spesso parole durissime per la sua terra, nel tentativo tutto personale – che certo doveva apparire anche un po' ingrato – di prenderne le distanze, come farebbe una rosa casualmente sbocciata da un fico d'India. La Deledda, trasferitasi sul continente, amava sconsigliare amici e confidenti dal recarsi in viaggio in Sardegna, come testimonia anche la studiosa svedese Amelie Posse, che la conobbe prima di rifugiarsi sull'isola all'inizio della Seconda guerra mondiale. La scrittrice infatti indirizzò l'amica verso Alghero, cittadella di matrice culturale catalana, perché il resto dei sardi erano a suo dire una compagnia improponibile, incolti e barbari. Ma la volontà della Deledda di voler testimoniare la propria personale visione dell'esistente era un atto in un certo senso anche «letterariamente» inaccettabile per un mondo che proprio per celebrare il racconto di quello che non esiste si riuniva da secoli intorno ai suoi fuochi a compiere il rito comunitario di esorcizzare la fatica dell'esistente. Negli avamposti poverissimi di quella economia di sussistenza che era la Sardegna dei primi del Novecento, dove famiglie numerose dividevano insieme piú tempo che pane, quali altre storie potevano fiorire se non quelle di *janas* tessitrici di fili d'oro zecchino e di orchi dentro i nuraghi che custodivano granai sotterranei pieni di cereali?

Il racconto del focolare, a cui la Deledda stessa dedicò la raccolta *Per il folklore sardo*, ha rappresentato per secoli il diversivo alla quotidianità di cui la televisione ancora da venire avrebbe poi preso il posto, con i suoi quiz, le sue fiction e le sue scosciate veline, il nuovo emblema della femminilità isolana, in ordine di tempo le ultime *janas* su cui fantasticare.

Indicazioni utili

LUOGHI DI INTERESSE CULTURALE

Nuraghe Losa
   Cooperativa Paleotur
   Tel. 0785 52302
   www.nuraghelosa.net
   info@nuraghelosa.net

Nuraghe Santu Antine
   Cooperativa La Pintadera
   Tel. 079 847145
   www.nuraghesantuantine.it
   info@nuraghesantuantine.it

Nuraghe Barumini
   Cooperativa Ichnusa
   Tel. 070 9368510

Pozzo Sacro Santa Cristina
   Cooperativa Archeotur
   Tel. 328 483999

Ziggurat Monte d'Accoddi
   Tel. 328 4839995

Menhir Parco Archeologico di Pranu Muteddu
   Tel. 340 3900279

Area archeologica di Tharros
   Cooperativa penisola del Sinis
   Tel. 0783 370109
   cooperativa@penisoladelsinis.it

Miniere di Montevecchio
   Cooperativa Fulgheri
   Tel. 070 973173
   fulgheri.coop@tiscali.it

Stele di Boeli
   Bed & Breakfast Boeli
   Tel. 0784 56689

Museo Nazionale G. A. Sanna
   Via Roma 64 - Sassari
   Tel. 079 272203
   museosanna@beniculturali.it

Museo d'Arte di Nuoro (Man)
Via Satta, 15
Tel. 0784 252110

Museo Deleddiano / Casa natale di Grazia Deledda
Via G. Deledda, 42 - Nuoro
Tel. 0784 242900

Museo degli strumenti musicali
Via Adua, 7 - Tadasuni (Or)
Tel. 0783 50113

Museo della Vita e delle Tradizioni popolari sarde
Via Mereu, 56 - Nuoro
Tel. 0784 242900

TRASPORTI PITTORESCHI

Trenino verde
Tel. 070 580246
www.treninoverde.com
treninov@tin.it

FESTIVAL, ARTISTI E ARTIGIANI

Festival «L'isola delle storie» di Gavoi (Nuoro)
Tel. 0784 52207
www.isoladellestorie.it
info@isoladellestorie.it

Festival «Time in Jazz» di Berchidda (Olbia-Tempio)
Tel. 079 703007
www.timeinjazz.it
info@timeinjazz.it

Seminari Jazz
Tel. 0784 36156
www.entemusicalenuoro.it
info@entemusicalenuoro.it

Tumbarinos di Gavoi
Tel. 348 5113473
tamburigavoi@tiscali.it

Coro a tenore di Bitti
Coro a tenore con Omar Bandinu
Tel. 0784 415042
omarbandinu@tiscali.it

Sartoria Paolo Modolo
Corso Garibaldi 178 - Orani (Nu)
Tel. 0784 74990
paolomodolo@orani.it

Coltelleria Vittorio Mura
Via Montigu 10 - Santulussurgiu (Or)
Tel. 0783 550726

OASI, PARCHI E TERME

Parco Nazionale Arcipelago de La Maddalena
Tel. 0789 720050

Oasi naturalistica di Seu – Area Marina Sinis Mal di Ventre
Tel. 0783 290071
www.areamarinasinis.it
info@areamarinasinis.it

Terme di Sardara (Cagliari)
Tel. 070 9385044
www.termesardegna.it
eucalipti@termesardegna.it

Terme di Fordongianus (Oristano)
Tel. 0783 60037
www.termesardegna.it
info.ght@termesardegna.it

PRODOTTI ALIMENTARI

Consorzio tutela pecorino romano Macomer
Tel. 0785 70537
tutela@pecorinoromano.net
www.pecorinoromano.net

Pecorino di Osilo
Presidio «slow food», Gavinuccio Turra
Tel. 079 42695
gavinuccioturra@virgilio.it

Consorzio Bue Rosso
Via Aragona, 7 - Seneghe
Tel. 0783 54450
www.ilbuerosso.it
ilbuerosso@tiscali.it

Bottarga della cooperativa pescatori di Tortolí
Tel. 0782 667 063

Bibliografia

aa.vv., *Cartas de Logu. Scrittori sardi allo specchio*, a cura di Giulio Angioni, Cuec, Cagliari 2007.

Angioni, Giulio, *Le fiamme di Toledo*, Sellerio, Palermo 2006.

Angius, Gavino, *Decalogo dell'isola* in aa.vv., *Cartas De Logu* cit.

Atzeni, Sergio, *Passavamo sulla terra leggeri*, Ilisso, Nuoro 2003.

Bandinu, Bachisio - Cubeddu, Salvatore, *Il quinto moro. Soru e il sorismo*, Domus de Janas, Selargius 2007.

Caltagirone, Benedetto, *Identità sarde. Un'inchiesta etnografica*, Cuec, Cagliari 2005.

Capitta, Alberto, *Viaggio in Sardegna*, in aa.vv. *Cartas de Logu* cit.

D'Annunzio, Gabriele, *La spendula*, 1882.

De André, Fabrizio, *A çimma*, in *In direzione ostinata e contraria*, Ricordi, Milano 2005.

De Roma, Alessandro, *Vita e morte di Ludovico Lauter*, Il Maestrale, Nuoro 2007.

Deledda, Grazia, 1894, in *Tradizioni popolari di Sardegna*, a cura di Dolores Turchi, Newton & Compton, Roma 1995.

Dessí, Giuseppe, *Paese d'ombre*, Ilisso, Nuoro 1998.

Fois, Marcello, *Io ho visto, ma non è detto che il mio sguardo mi appartenga*, in aa.vv., *Cartas de Logu* cit.

Frau, Sergio, *Viaggio nell'archeologia per trovare l'Anatolia*, in «la Repubblica», 1° agosto 1999.

Fresi, Franco, *Guida insolita ai misteri, ai segreti, alle leggende e alle curiosità della Sardegna*, Newton & Compton, Roma 1999.

Lawrence, David H., *Sea and Sardinia* (1921), trad. it. *Mare e Sardegna*, Ilisso, Nuoro 2003.

Ledda, Gavino - Midollini, Sirio, *Le canne amiche del mare*, Manzuoli, Firenze 1978.

Ledda, Gavino, *Padre padrone*, Feltrinelli, Milano 1975.

Liori, Antonangelo, *Manuale di sopravvivenza in Barbagia*, Edizioni Della Torre, Cagliari 1991.

Liori, Antonangelo, *Demoni, miti e riti magici della Sardegna*, Newton & Compton, Roma 1996.

Lussu, Emilio, *Il cinghiale del diavolo*, Ilisso, Nuoro 2004.

Mannu, Francesco Ignazio, *Su patriotu sardu a sos feudatarios* (tradizionale), Cuec, Cagliari 2006.

Martinez, Filippo, *Altrove è l'unico posto possibile*, Edizioni del Girasole, Ravenna 1995.

Masala, Alberto, *Taliban. I trentadue precetti per le donne*, ETL, Bologna 2001.

Masala, Alberto, *Proveniamo da estremi*, Erosha, Bologna 2002.

Murenu, Melchiorre, *Tancas serradas a muru* (tradizionale),www.ildeposito.org

Niffoi, Salvatore, *La leggenda di Redenta Tiria*, Adelphi, Milano 2005.

Nonnis, Nino, *Come le barzellette, non si deve spiegarla*, in aa.vv. *Cartas de Logu* cit.

Pigliaru, Antonio, *Studi complementari al codice della vendetta barbaricina*, in *Il Codice della vendetta barbaricina*, Il Maestrale, Nuoro 2006.

Posse Brázdová, Amelie, *Interludio di Sardegna*,Tema, Cagliari 1998.

Puddu, Raffaele, *Dialogo del bue rosso*, in aa.vv., *Cartas de Logu* cit.

Satta, Salvatore, *Il giorno del giudizio*, Il Maestrale, Nuoro 2006.

Turchi, Dolores, *Lo sciamanesimo in Sardegna*, Newton & Compton, Roma 2001.

Vittorini, Elio, *Sardegna come un'infanzia*, Bompiani, Milano 1952.

Indice

Viaggio in Sardegna

Stampato per conto della Casa editrice Einaudi
Presso Mondadori Printing S.p.a., Stabilimento N.S.M., Cles (Trento)
nel mese di febbraio 2011

C.L. 20824

Edizione									Anno			
1	2	3	4	5	6	7			2011	2012	2013	2014